骨董叢書

中国历代酒具鉴赏图典

王念石 ◎编著

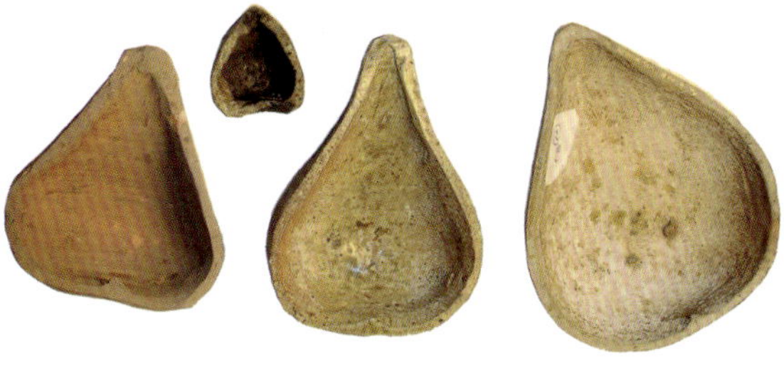

天津古籍出版社

图书在版编目(CIP)数据

中国历代酒具鉴赏图典/王念石编著.-天津：天津古籍出版社，2009.5

ISBN 978-7-80696-697-6

Ⅰ.中… Ⅱ.王… Ⅲ.酒-古器皿-鉴赏-中国-图集 Ⅳ.K875.22

中国版本图书馆CIP数据核字（2009）第060683号

中国历代酒具鉴赏图典

王念石/编著

出版人/刘文君

*

天津古籍出版社

（天津市西康路35号 邮编300051）

http://www.tjabc.net

E-mail:tjgj@tjabc.net

精美彩色印刷有限公司印刷

全国新华书店发行

开本 787×1092毫米 1/16 印张 13.125

字数 150千字 印数 1—3000

2009年6月第1版 2009年6月第1次印刷

ISBN 978-7-80696-697-6

定价：78.00元

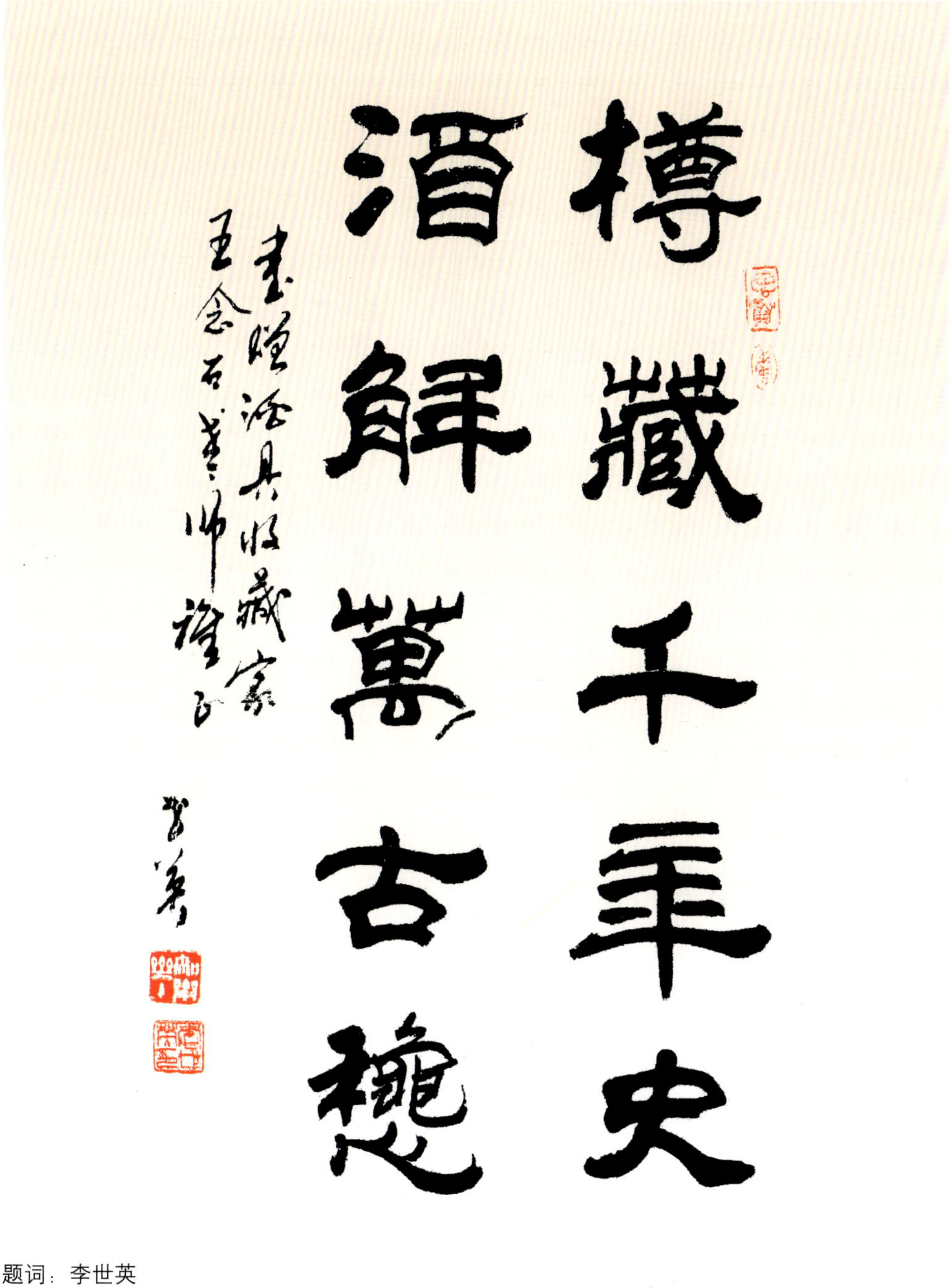

题词：李世英

的《酒谱》、高允的《酒训》、苏轼的《酒经》等等。酒是一种液体，制作、存储、运输、饮用等都少不了特制的器具。其实古人是十分重视酒具的，美酒加上美具，那才叫两全其美。“葡萄美酒夜光杯”，那该是怎样一种美的境界！然而古代有关酒具的文论图谱则不多、不详，更无系统。新中国成立以后，虽有这方面的书问世，但多限于青铜礼器中的酒具，而全面搜集、介绍自古至今各种质地酒具的书实在稀少，不能不说是一种缺憾。王念石先生作品的出版，恰恰填补了这方面的空白。

我常想，美酒能醉人，能使善饮者沉湎于豪饮的欢乐氛围之中，而酒具收藏家王念石先生虽不善饮，却耽于酒具的收藏、研究、鉴赏的无穷乐趣之中，岂不奇哉！王先生身居陋室之中，以微薄的薪俸，举家节衣缩食，坚持收藏，三十年不辍，足迹遍布全国各地，藏品上自史前，下至民国，丰富多彩达800余件，蔚为大观，其执著和毅力可敬。这是其一。

其二，以古稀之年，带病之身，克服种种困难，查阅大量文献，撰写十多万字有关酒文化的文章，又编撰出“酒具图典”来，为社会做出了重大贡献，这是数十载收藏和研究的成果。其锲而不舍的精神着实可嘉。

这本《图典》中的实物照片皆为王先生酒具收藏中精选的，分储酒器、盛酒器、注酒器、饮酒器、温酒器、挹酒器等类别，另有体现酒文化的酒筹、酒令等等。其酒具的材质可以说是无所不包：陶瓷青铜、金银铁锡、玉石骨角竹木、象牙玳瑁等等，其中以陶瓷酒器居多，也最全。上下五千年，无不尽有，藏品不乏各个时代的名窑精品。从选入《图典》中的近500件藏品图片和文字说明中，读者可以了解到酒文化中陶瓷器型的发展过程，了解到酒具的演变以及历代饮酒的民俗民风。这实在是不可多得的研究中国酒文化的珍贵史料。

我想，这部书的出版，不仅仅有益于古玩收藏界，同时，也会受到工艺美术工作者的好评，还会得到酿酒企业和酒文化研究者们的重视，喜好杯中之物的饮者，看了也会喜欢，因为它能给人以知识、文化和美的享受。

序二

赵本夫

古城金陵，历来不乏高士，或居庙堂，或隐草庐。大收藏家王念石先生便是藏于民间的一位奇人。

王念石先生出身世家，在过去半个多世纪的时间里，因为他的出身而命运多舛。当过工人，拉过板车，下放当过农民，做过医生，历尽人间劳顿和酸辛。可他总能处变不惊，泰然处之。这种定力源于家世的涵养，来自他人生的磨砺，还有对收藏的酷爱，已没有任何事可以让他目光发生游移。沉醉于收藏就是沉醉于悠远高古，眼前的荣辱得失便见得淡了。

我于收藏是门外汉，偶然认识王念石先生后，被他的儒雅、博学和品性所吸引，也很快成了一名爱好者。对我这个初学者，王先生总是不吝赐教。每次约我去他家相聚，不仅有饭有酒，而且都会拿出一批珍藏精品，一一向我展示，把每件东西的好处、出处细说分明，并且让我上手把玩鉴赏。对我这个初学者来说，简直就是一顿顿丰盛的大餐。很多藏者，家有珍宝都是不肯轻易示人的，这个能够理解，但王念石先生却不肯独享。王先生从事收藏多年，有很多老少藏友，他不仅会时常拿出他的新旧藏品让大家看，对前来求教者也乐于指点，甚至藏友只是拿一块瓷片来，他也会仔细察看，耐心讲解。王先生既有丰厚的理论知识，又有丰富的收藏经验，且涉猎面很广，因此具有非凡的眼力。一件东西放在他面前，不仅真伪立判，而且能说出道理，让人心服口服。无论藏者是谁，他都坚持讲真话，这需要学识和眼力，也需要正直的品性。

中国传统文化博大精深。如果说诗经、楚辞、唐诗一类非物质文化遗产是传统文化的血肉，那么古代建筑遗存、陶瓷、古玉、钱币、古家具等硬件就是传统文化的骨骼了。虽然历经沧桑和兵燹水火，能够存留下来的只是历史的残片，但它们透出的文化信息和精湛绝伦的艺术气质，仍会令我们震惊和倾倒。如今爱好收藏的人越来越多，不管出于什么目的，只要小心呵护，精心保藏，就是在做一件好事，毕竟这些东西越来越少，毁一件少一件。今天我们还能有幸看到，可是后人呢?

最近，王念石老先生不顾高龄，从他千件藏品中理出“酒具系列”数百件编辑出版，并嘱我作序。我相信这是一部极有价值的书，既有学术价值，又有收藏知识，还会有收藏传奇。受命写了以上一些话，不免浅陋，退自揣度，惕然汗流，谨此表示敬意和祝贺之意!

是为序。

前言

中国酿酒的历史悠久，传说其时代早至“黄帝”夏禹之世。有云“酒之所兴起至上皇”，或曰“仪狄”，一曰杜康。

仪狄造酒说始于《世本》。《世本》是秦汉间人辑录古代帝王公卿谱系的书。书云：“仪狄始作酒醪，变五味；少康作秫酒。”认为仪狄是酒的始作人，东汉许慎《说文解字》中也有记载。古籍中记载，神农时代就有酒了；又有说，尧帝、舜帝时也有酒了。仪狄，夏禹之人，神农、黄帝、尧舜早于夏禹，对仪狄始作酒之说应否定。

关于杜康造酒说，历史上确有杜康其人，按姓谱杜康系周时江阴人，相传遗冢尚存。杜康，字仲宁，又传为陕北白水县康家卫人，康家卫人善造酒，今尚存杜康埋骸之所。“有饭不尽，委之空桑，郁积成味，久蓄气芳。本出于此，不由奇方。”是说杜康将剩饭放在桑园树洞里，剩饭在洞中发酵后，芳香的气味传出，这就是造酒的过程，并无什么奇特之方法，是符合现代酿酒规律的。

古猿造酒说：根据现代专家推论，古猿以果类为食，其剩余藏之发酵，流出液体尤香，尝之味美。这种酒指的是果酒。

事实上，酒非某一人所创造，应为广大劳动人民共同创造发明的。

酒字在甲骨文中原作“酉”字，像酒器之形，说明我们的祖先拥有酿酒技术的同时也在从事酒器的制作了。在远古时代，祖先们过着茹毛饮血的生活，由于火的使用才结束了原始生活方式。随着人类进化，农业的发展，人们有了赖以生存的粮食，同时开始以谷物、果类作为酿酒的原料。由于火的使用，同时发明了陶器，开始有了炊具。

远古时，食器、饮器、酒器大概是不分的，可以统一应用，后来才逐步分化出酒器来。在六千年前左右新石器时代遗址中，我国考古学家已发现了大量酒器。如河姆渡文化、龙山文化、大汶口文化、马家窑文化、齐家文化等等，均有陶制壶、杯、碗、瓶、罐、樽、觚等。到了殷商时代，樽、爵、觚、壶已广泛使用。商代还出现了“长勺氏”与“尾勺氏”，专门从事酒器制作的氏族。周代也有专门制作酒器的“梓人”。

商代以青铜器闻名于世，青铜酒器当时已升华为礼器，品类之多达到了前所未有的程度。青铜盛酒器是一种盛酒备饮的酒容器，其类型很多，主要有壶、尊、卮、斛、觥、瓮、瓿、彝等。每一种酒器形式多样，如尊就有取动物造型的：象尊、犀尊、牛尊、羊尊、虎尊等。青铜饮酒器的种类有觚、觯、角、爵、杯、鉌等，商人好酒名不虚传。青铜温酒器，饮酒前用之将酒加热，配以勺(挹取器)便于取酒。温酒器有称樽的，汉代流行，后代有瓷制温碗，铜、锡制温壶等。湖北随州曾侯乙墓中的铜鉴，可置冰镇酒，故又称冰鉴。两晋南北朝时，有青瓷冰鉴。青铜器源于夏代，商代达鼎盛时期，春秋时没落。我国发现最早的青铜酒器是夏代二里头文化的青铜爵杯。最早的瓷酒器为商周时原始青瓷制品，有杯、盏、尊、钟等。

商周以后青铜酒器逐渐衰落，战国、秦汉之际我国南方流行漆制酒具，并成为两汉魏晋时期主要类型。其形制基本上继承了青铜器，有盛酒器与饮酒器、挹取器等，饮器中漆耳杯为常见之物，后代有釉陶、青瓷、玉耳杯出现。

春秋战国时酒器已基本完备，青铜、漆制、陶瓷、骨、角、象牙等制器都先后出现。型制、纹饰不但继承了前代，而且出现了在酒器上鎏金、错金、错银或以宝石镶嵌，更加绚丽多彩。

秦两汉时以铜与陶瓷、玉石、杂类材质并行，所制酒器不如前代俊美。三国两晋南北朝时代青瓷酒器占有一定优势，精品辈出。如青瓷鸡首壶、羊首壶、熊尊、青瓷冰鉴、芙蓉杯、釉下彩盘口壶、杯盏等，同时出现了玻璃杯、用螺壳制成的九曲杯。

汉代人们饮酒一般是席地而坐，酒尊置于中间，里面放着挹取酒的勺子，饮酒器也置于地上，故器形比较矮胖。

魏晋南北朝时开始流行坐床，酒具变得瘦长。有人认为唐代出现了蒸馏酒(无考，有学者考证蒸馏酒出现于南宋)。考古发现，在汉已有青铜蒸馏器，现藏武汉市博物馆。究竟蒸馏酒出现何时尚无定论。

唐代出现了桌子，为了适应在桌子上饮酒之便，出现了配用酒器。如：注子中唐以后又称“扁提”，因唐肃宗有一爱妃名郑注，为避讳，故改注子为扁提。其形如现代执壶，体形矮胖，广口，有嘴无把手，既可盛酒，亦可注酒于酒杯中，取代了以前的尊勺。

宋代是我陶瓷发展鼎盛时期，南北地方名窑辈出，精美酒器众多。宋人喜将黄酒温热后饮之，故发明注子与温碗组合配套，使用时碗中注入热水，注子置于其中可温酒。另一种盏托配套的饮具，是一种独特的酒器，宋代湖田窑产品精美。

元明时代以青花瓷酒器为主。元青花凤首壶、高足碗最具特色，明代五彩、斗彩、祭红酒器颇为名贵。成化斗彩鸡缸杯当时价值万金。

清代瓷制酒器具有特色的瓷酒器首推珐琅彩、粉彩以及素三彩青花玲珑瓷等及各种仿古瓷酒器。

在阶级社会里无不打上阶级烙印，酒器亦然。酒器的质量好坏，往往成为饮酒者身份高低的象征。文献记载，在奴隶及封建社会，酒具的使用依据人的社会地位有严格的限制："献酬者皆用觚，而尊者举觯，卑者举角，贱者举散，承爵则用斗也。"

随着社会的发展，酒业的兴盛，隋、唐、宋、元、明、清各朝各代，酒器种类名品繁多，非言之能尽，有以珍贵的金银玉石为材，也有以犀角、象牙、玳瑁、珊瑚、竹木为材，但仍以陶瓷制品为主流。酒器是其统称，根据用途不同，名称也各异，大致可分类为盛储、温煮、注饮、挹取以及行令的酒签等门类。

我国酒器的承袭发展互转更替，从型制上大体可以说："史前真执，商周威严，秦汉魏晋质朴，隋唐大度，宋时素洁，元明清秀，清代华丽。"从我国酒器中可以窥测到时代文风，因为酒文化与中国历史文化有着密切的联系。酒具是酒文化中不可或缺的重要组成部分，研究酒具，也就是研究探讨历史文化。如，从陶瓷酒具中可以看到中华陶瓷的发展和器形的演变，同时将陶瓷文化的特点也会予以充分的展现。

余从事酒具收藏数十年，藏品上自史前，下迄民国，近800件，兹选有代表性的近500件汇编成册。由于个人水平所限，错误难免，敬请专家指正。

王念石于南京南湖鑫石斋

2009年元旦

目录

中国历代酒具鉴赏图典

储藏器

关于盛储器（含盛酒器）

此器为盛酒或用作储藏酒的用器。多为陶瓷制品，三国时有青铜制品。它源于史前延至现代。

盛储器具有容量大的特点，有的容酒千斤、数百斤、数十斤，小的可容数斤。古代名称有醅缸、瓦翁、缸、坛、罐等，用这类器皿盛酒便于长期储藏，亦可深埋地下以提高酒的质量。酒以陈者为贵，有十年陈老窖之称。古代酒坊、现代酒厂将新酿酒入坛入瓮埋于地下轮番窖藏转换销售。

近年在西安发现汉代窖藏的果酒，以及在东北辽宁发现清代道光年间窖藏的白酒，这些古代陈酒不仅是研究我国古代酒的珍贵资料，而且价值昂贵，经勾兑后的道光白酒每斤价格竟达数万元。

我国历代文人都有吟咏盛酒器之名句。唐陆龟蒙《明月湾》有“但当乘扁舟，酒瓮也相随”诗句，说明诗人旅行乘舟还要将酒瓮带上。宋陆游《草堂》诗云“山深乳洞药炉冷，花发云房醅瓮香”，说明诗人爱酒。

1 灰陶酒坛

高 14厘米　口径 11.5厘米　底径 17.5厘米

史前南京高淳薛村文化。灰陶质，口微撇，束颈，直腹，上小下大，圆底。腹部粗弦纹5圈。此件为原始制陶工艺，以泥条盘筑而成，对研究制陶史与器形史有价值。

2 彩陶双系大壶

高 40厘米　口径 12厘米　底径 13.5厘米

史前马家窑文化。红泥质陶胎，短颈撇口，腹球形，腹下附对称双系，腹部以墨彩绘，网状纹和几何纹。

3 印纹硬陶酒瓿

高 24厘米　口径 24厘米　底径 22厘米

西周。白陶胎，口部起沿，鼓腹扁圆形，平底，平肩，拍印水波纹，全器拍印网纹。

4 印纹硬陶酒坛

高 27厘米 口径 15.5厘米 底径 16.5厘米

春秋。矮颈，唇口，鼓腹，平底。肩部附对称双系，口下方拍印几何纹一圈，全器拍印方格纹。

5 印纹硬陶酒瓮

高 36.5厘米 口径 20厘米 底径 18厘米

春秋。圆口无颈，鼓腹，平底下收，铁红胎汗釉，胎骨坚硬，全器拍印竖条方格纹，器形庄重古朴。

6 印纹高领坛

高 24.5厘米 口径 13.5厘米 底径 15厘米

春秋晚期。撇口高领，鼓腹下收，平底。全器拍印几何纹，灰胎坚硬，器形如“石榴”，古朴庄重。

7 印纹硬陶酒坛

高 29厘米 口径 14.5号厘米 底径 17.5厘米

战国。属南方印纹硬陶器。铁红胎，汗釉，唇口鼓腹，平底，全器拍印方格纹。

8 原始青瓷高桩酒坛

高 32厘米 口径 13厘米 底径 12.8厘米

战国。直口，短颈，溜肩，鼓腹下收，平底，肩部弦纹，腹部方格纹，铁红胎，施青釉不及底。

9 印纹酒瓮

高 40厘米　口径 19.5厘米
底径 20厘米

战国。矮颈，唇口，鼓腹平底，腹上部拍印席地纹，下部几何纹。

10 特大型釉陶壶

高 45厘米　口径 22厘米　底径 20厘米
腹围 125厘米

东汉。喇叭口，高颈，口部及颈下各饰锯齿纹一圈，腹部上中下各饰弦纹共九圈，鼓腹，溜肩，腹上部施青釉有流釉，俗称“雨打墙”，下部汗釉铁红色，矮圈足。此壶可容酒100斤以上，在汉代釉陶壶中颇为少见。

11 釉陶大壶

高 46厘米　口径 20厘米
底径 18厘米

汉。撇口，高颈，溜肩，鼓腹下收，矮圈足。肩腹部蕨纹系一对，上加饰饕餮纹，口沿饰锯齿纹，颈下水波纹、弦纹。施青绿釉不及底，下部铁红汗釉，腹部釉泪下垂，俗称“雨打墙”。此器形制与青铜壶同，器大庄重，容积可观，能盛酒80斤。

12 青釉酒坛

高 31厘米　口径 12厘米　底径 15厘米

三国。矮颈，折沿，球腹，平底。全器施青釉。

13 桥形四系罐

高 14.5厘米 口径 13厘米 底径 11厘米

南朝。广口，矮颈，梯形盖，溜肩，深腹上鼓下收，平底。盖点褐彩，肩上附桥形四横系，满施青釉，厚而光亮，造型稳重大方。

14 四系青釉“橄榄”壶

高 35厘米 口径 8.5厘米 底径 10.5厘米

隋。寿州窑，折沿无肩，腹鼓，全器如橄榄形，平底，肩附四系，全器施青绿半釉，胎灰坚硬。

15 黄釉四系坛

高 35厘米 口径 10厘米 底径 13厘米

唐寿州窑。折沿，矮颈，丰肩，腹球形，颈下附四系，施黄釉不及底。

16 黑釉酒坛

高 36厘米 口径 10厘米 底径 12厘米

南宋江山窑。矮颈，圆口，丰肩，球腹，平底。肩上附四横系，全器满施黑釉，灰胎。

17 乌金釉大酒坛

高 38厘米 口径 10厘米 底径 18厘米

南宋吉州窑。短颈，唇口，丰肩，鼓腹下收，平底。肩部拍打12片荷瓣组成复莲纹。口及颈部窑变铜红彩斑，全器满施乌金釉，厚而光润，如墨玉，胎米黄色。

21 黄釉刻花酒坛

高 35厘米 口径 12.5厘米 底径 16厘米

明宜兴窑。唇口，平肩，筒腹下收，平底，灰胎。肩部刻缠牡丹纹，底上卷云纹，腹部上下刻回纹，腹山茶花及“八官骑马图”。俗称骑马赴长安或八个“状元”回故里。为当时盛贮“女儿红”酒之用。

22 “太平天国”寿庆酒坛

高 20厘米 口径 10厘米 底径 11厘米

清道光。直颈，鼓腹，平底，灰胎。腹部模印144个“国”字，组成蟠龙纹。“四”是中国人吉利话的口头禅。144正好是四个36，暗含过寿之人在四个36年里“事事如意”。此酒坛为杨秀清36岁寿庆酒坛，不过杨秀清未等到过寿之日发生了韦杨事件，全家被杀。

23 三彩人物花卉坛

高 21厘米 口径 12厘米 底径 18厘米

清界首窑。短颈直口，鼓腹，平底。口下刻绘卷云纹，腹一侧刻绘牡丹仕女图，底上部弦纹三圈，全器施红、白、绿三彩。

24 酱釉“柿子”坛

高 26厘米 口径 12厘米 底径 15.5厘米

清宜兴窑。短颈，唇口，丰肩，球腹，平底，紫砂胎。施酱黄釉不及底，口沿下刻绘柿蒂纹一圈复于肩上，全器造型如柿。

25 黄釉大酒坛

高 45厘米 口径 8.5厘米 底径 27厘米

清宜兴窑。矮颈，唇口，丰肩鼓腹，平底，缸胎。口沿下绘九片花瓣一圈，肩上冠状花四朵，间隔处书“百子千孙”四字，腹部绘牡丹花四朵，间隔处书“双寿全福”四字。此坛当为夫妇同寿同庆盛酒之器。

26 四系印花黑釉酒坛

高 26厘米 口径 15厘米 底径 17厘米

民国淄博窑。短颈，唇口，腹球形，平底。肩上附四系，肩下模印缠枝花纹一圈，底部模印“民国十年造”款，通体施黑釉，柔润光亮。

27 宜钧鼓形大酒瓮

高 65厘米 口径 30厘米 底径 36厘米

民国宜兴窑。器形如鼓，外口沿模印鼓丁21枚，底上16枚，腹上部模印对称虎头含环辅首各一。全器施兰釉(宜钧)。底部中心一圆印章款“江苏宜兴丁山葛乃丰制”，印中部设太阳花一朵，葛乃丰乃制钧陶名家葛明祥之子。

盛酒器

中国历代酒具鉴赏图典

28 白陶罐

高 20厘米 口径 18厘米 底径 20厘米

史前良渚文化。直口，短颈，扁圆形，圆底，白陶胎。

29 彩陶双系壶

高 20厘米 口径 12厘米 底径 10厘米

史前马家窑文化。圆口，短颈，扁腹微鼓，腹部以黑彩绘网纹与几何纹。

30

30 白陶酒尊

高 30厘米 口径 12厘米
底径 14.5厘米

西周。印纹硬陶，短颈唇口，腹部近筒状下收，平底，肩部以泥条盘围双系，如人之阴户，说明古人对性崇拜。全器拍印“窃曲纹”。

31

31 青釉印纹酒筒

高 21厘米 口径 18.5厘米
足径 15.5厘米

春秋。原始青瓷，大口深腹筒状，平底，子口宽沿，上饰点突纹，近口部贴附对称门形纽一对，腹部拍印“窃曲纹”。胎灰白，内外施青黄釉。

32 青釉双系簋

高 11.7厘米 口径 17厘米
底径 17.5厘米

春秋。原始青瓷。肩圆，腹扁鼓，圈足，肩附绳索状环一对，腹满饰曲突点纹，并附对称绳耳一对。胎灰，内外施青黄釉。

33 青铜钫

高 39.5厘米 口径 13.5厘米
足径 14厘米

战国。青铜酒器，高颈，方口起沿，腹鼓下收，方圈足外侈。颈下四面附饕餮含环，环上饰丹凤云头纹。四面自颈以下共五层，上为锯齿纹，内饰卷云，工艺精湛，气势宏伟。

34 人面牛首青铜尊

高 25厘米　口径 21厘米　足径 10厘米

战国。圆体，大撇口，细高颈，筒状高圈足，颈部饰弦纹，肩部对称性四只牛首，角外翻，角尖内卷。腹部对称四人面头像，浓眉凸目，高鼻阔口，近似“三星堆”文化铜面像风格。圆足亦饰弦纹，生坑绿锈，显得古朴威严。

35 青瓷钟

高 27厘米　口径 10.5厘米　底径 12.5厘米

战国。原始青瓷。高颈盘口，腹扁鼓，喇叭足。腹上附几何纹，半环状系一对，腹饰弦纹四圈，施青黄釉，胎铁红色。

36 陶钫

高 32厘米　口径 10厘米　足径 10.5厘米

战国。灰陶质。方口，鼓腹，方圈足，梯形平头方盖，腹部饰对称环形辅首一对，原为红兰彩绘，已大部脱落。

37 釉陶大酒瓿（一型）

高 28厘米　口径 14.5厘米　腹围 10.5　底径 14.5厘米

战国。圆口起沿，卡盖上附四纽，宽肩鼓腹下收，平底。肩附对称“蝎”形辅首一对，胎灰，施青黄釉，大部脱落。器中甚大，可容酒数十斤。

38 灰陶磨光扁壶

宽 20厘米　高 21厘米　口径 7厘米　足径 6厘米

西汉。折沿，高颈，扁腹，方圈足。肩腹均起沿，肩附饕餮含环辅首一对。全器经打磨光滑，朴素大方。

39 青铜壶

高 23厘米　口径 8.5厘米　足径 9厘米

东汉。直颈，圆顶盖，肩附饕餮含环辅首一对，腹扁鼓，喇叭形圆足，锈色翠绿。

40 高颈盘口青釉陶壶

高 17.5厘米 口径 6.3厘米 足径 6.5厘米

汉。高颈盘口，扁圆腹，圈足。颈部上下饰水波纹，肩两侧附蕨纹，系上饰卷云纹，下附一环，自颈至足上共饰弦纹6圈，喇叭足，胎灰红。

41 釉陶酒筒

高 12厘米　口径 10厘米　底径 11.5厘米

汉。折沿，筒腹。口沿下附对称双系，折沿有对称小孔，两孔可以贯穿条带。腹部饰弦纹、水波纹，灰胎。

42 白陶酒卮

高 12厘米　口径 11厘米　底径 11厘米

汉。斜肩，筒腹下收，全器饰点戳及水波纹，平底，附三兽蹄足。白陶胎。

43 灰陶盘口壶

高 30厘米　口径 12厘米　底径 10厘米

汉。矮颈，盘口，丰肩，腹球形，肩上附对称束带状系各一。腹上部饰弦纹三圈，下部点戳纹。

44 茧形壶

长 26厘米　宽 15厘米　高 26厘米　口径 9厘米　足径 6.5厘米

汉。灰陶质。圆颈折沿，腹茧形，圈足外撇，腹部以红白彩绘勾云纹。

45 釉陶尊

高 11厘米　口径 10.5厘米　底径 10.5厘米

汉。灰胎。长筒形，广口，平底。腹部一侧附单环把手，底附三兽蹄足，腹饰弦纹、水波纹、点戳纹，全器铁红汗釉。

注：尊自春秋战国延用到汉晋时代。型制有两种：一为筒形，曰“散”，古云容“五升”；一种广口大腹束颈，似如今之鱼篓（尊与勺配用）。

46 釉陶瓿（二型）

高 21厘米　口径 10厘米　腹围 84厘米　底径 19厘米

汉。平口起沿，圆盖，溜肩，腹扁鼓下收，底部附三足，肩上附对称饕餮铺首，两耳上翘，高出口沿，给人一种凌驾之感。肩部弦纹三圈，间隔处饰水波纹，全器铁红汗釉，颇有古韵。

47 釉陶瓿（三型）

高 16厘米　口径 9.5厘米　底径 14厘米

汉。矮颈，折沿，腹扁圆形，平底。肩腹部饰弦纹、水波纹各两圈，肩附饕餮铺首一对，耳上翘，高出口沿，底部无足，灰胎青绿釉，造型由扁圆向鼓形变化。

48 釉陶瓿（四型）

高 23厘米　口径 9.5厘米　底径 12.5厘米

汉。折沿，鼓腹，平底，肩附环状饕餮铺首一对，口至底饰弦纹，肩部青绿釉，以下为铁红汗釉，器形近似鼓形。

49 釉陶蒜头瓶

高 32厘米　口径 6厘米　底径 12厘米

汉。折沿高颈，溜肩鼓腹，平底。肩附蕨形双系，全器饰弦纹，施青黄半釉。此瓶形同蒜头。

50 鸟纹釉陶壶

高 14厘米　口径 6厘米　底径 7.5厘米

汉。撇口，矮颈，溜肩，鼓腹，平底。肩附对称双系，腹部刻划“鸟纹”。施青绿半釉。

51 釉陶小壶

高 9厘米　口径 5.3厘米　底径 5厘米

汉。侈口短颈，溜肩鼓腹，平底。红陶胎，施酱釉。

52 釉陶盘口壶

高 27厘米 口径 11厘米
底径 10厘米

汉。短颈，盘口，腹近球形，腹上两侧各附一系，口颈、肩、腹部均施青釉，灰胎。

53 釉陶葫芦瓶（一）

高 16厘米 口径 3.5厘米
底径 11厘米

汉。瓶呈瓢葫芦形，矮颈，球腹，平底。原施青釉已大部脱落。

54 釉陶葫芦瓶（二）

高 14厘米 口径 4厘米 底径 9.5厘米

汉。瓶呈瓢葫芦形，施青釉已部分脱落。

55 塔形三联盅瓶

高 19厘米 口径 4.5厘米 底径 13厘米

汉。器形如白塔，颈如葫芦形，圆口，斜肩圆筒腹，附三只管形盅，呈三角形分布，肩饰弦纹、锯齿纹，半底，灰胎坚硬，釉已全部脱落。

56 六系扁壶

高 22厘米 口径 6厘米 足径 11.5厘米

西晋。管状口，腹扁圆，圈足外撇，肩附横系一对，下腹两侧各附并列横系两对，可穿带。肩部压印网状纹、几何纹带各一圈，腹部压印圆珠纹带，上两面贴附兽头含环辅首。圈足灰白胎，原施青釉，已全部脱落。

57 褐彩盘口壶

高 19厘米 口径 10厘米 底径 8厘米

东晋。短颈，盘口，溜肩，球腹，平底。肩附六系，全器满施青釉，以釉下褐彩点缀形成斑块，颇美观。

58 青釉四系盘口壶

高 36.5厘米 口径 18厘米 底径 13厘米

东晋。盘口短颈，溜肩，鼓腹，平底。口沿弦纹二圈，肩部弦纹三圈，肩上两侧各附并联双系一对，全器施青釉，釉面亮丽。

59 青釉四系盘口壶

高 23.5厘米 口径 14厘米 底径 15.5厘米

东晋。矮颈，盘口，筒状腹，斜宽肩，肩附四系，全器施青釉，灰胎。

60 高桩盘口四系瓶

高 32厘米 口径 14.5厘米 底径10厘米

隋寿州窑。矮颈，大盘口，颈下附四系，腹如腰鼓形，平底。施“茶叶末”釉不及底，胎铁红。

61 鸡腿瓶（一）

高 20厘米 口径 8厘米 底径 5厘米

隋寿州窑。折沿，斜肩，凹底。全器上大下小，如锥形，状如鸡腿而夸张。施“茶叶末”色丰釉，胎米黄色。

62 四系窑变瓶

高 32厘米 口径 6.5厘米 底径 8厘米

隋。高桩形，折沿，斜肩，鼓腹下收，平底，灰胎，口下附四系，施酱釉，腹部一侧焙烧成自然兰窑变，如龙似凤，极为奇特。

63 褐彩盘口壶

高 13.5厘米 口径 3厘米 底径 8.5厘米

唐婺州窑。矮颈盘口，圆腹，平底。肩附对称两系，施青釉及釉下褐彩斑不及底，胎铁红色。

64 白釉橄榄瓶

高 21厘米 口径 4.5厘米 底径 9厘米

唐邢窑。短颈，圆口，平底，鼓腹。施白釉凝厚，底无釉，中心模印卷云纹“火焰花”一朵。

65 葫芦形双系瓶

高 13.5厘米 口径 2.5厘米 底径 6厘米

唐。壶以两圆球（上小下大）相接而成，束腰如葫芦状，小圆口，腹上部两侧附系，矮圈足，胎铁红，施酱釉，一侧兰窑变成块状。

66 酱釉窑变尊(散)

高 20厘米 口径 11厘米 底径 9厘米

唐铁店窑。高领，唇口，筒状腹下收，平底，灰胎，口下附对称双系。施酱釉焙烧形成自然黄兰窑变，颇美。

67 窑变小罐

高 16厘米 口径 7厘米 底径 6厘米

唐铁店窑。短颈，唇口，鼓腹下收，平底，灰胎，口下附对称双系，施酱釉不及底，焙烧成自然兰窑变于口下及腹部。

68 黄釉窑变罐

高 20厘米 口径 9厘米 底径 13.5厘米

唐寿州窑。圆口，鼓腹下收，平底。腹下部饰弦纹数圈，施黄釉，焙烧成自然月白黄兰窑变于腹上部。

69 高领四系窑变罐

高 20厘米 口径 6.8厘米 底径 9厘米

唐鲁山窑。高领，圆口，溜肩，鼓腹，下收，平底，口下附四系，施青釉，焙烧成条索状兰褐窑变数条。

70 窑变折沿梅瓶

高 26厘米 口径 5厘米 底径 7.5厘米

唐婺州窑。短颈，折沿，丰肩，鼓腹、平底。施酱釉，焙烧成大块“月白”兰窑变于腹部一侧。

注：梅瓶是我国酒器瓶式之一，唐宋时已广泛使用。它与鸡腿瓶有一定渊源关系。多为小口，短颈（附盖），平肩或溜肩，肩部以下渐收敛。圈足或平底，体修长，与梅杆瘦骨相似而得名。

71

72

71 酱釉梅瓶

高 4厘米　口径 5.5厘米
底径 8厘米

五代高淳小河口窑。短颈唇口，丰肩鼓腹下收，灰胎平底。施酱色半釉，下部铁红汗釉。注：2006年5月21日考察南京市高淳小河口古窑址，收集于农家。该窑未见记载，从收集大量标本分析，属五代德清窑系。(详见江苏古陶瓷研究会考察报告)

72 瓜棱褐彩高颈壶

高 23.5厘米　口径 9厘米
底径 9厘米

五代越窑。直颈，唇口，溜肩，鼓腹，平底，肩附四系，下饰三圈弦纹，腹鼓形，四道竖瓜棱，腹部三块釉下褐彩，施青釉不及底，胎灰。

73 乌金釉台瓶

高 20厘米　口径 5.5厘米　底径 6.3厘米

南宋吉州窑。短颈，平口，斜肩，筒腹下收，圈足，米黄胎。施半釉，釉面光亮如髹漆。

74 青瓷梅瓶

高 32厘米　口径 4.8厘米　底径 10.5厘米

南宋顺昌窑。

79 鸡腿瓶（二）

高 38厘米 口径 3厘米 底径 6.5厘米

辽。短颈，唇口，上腹微鼓下收，瘦长，全器饰弦纹，铁红汗釉，胎色紫，坚硬。

80 皮币壶

高 25厘米 口径 3.5厘米 底径 6厘米

辽。扁方形，以牛皮缝制，外以桐油涂抹，呈深酱色。肩上两侧上下各附方系四只，可以穿带而背，方圈足。此壶又名“马上壶”或大背壶，适合游牧民族使用。

81 绿釉盘口壶

高 18厘米 口径 2.5厘米 底径 11.8厘米

金。折沿，矮颈，球腹，平底。红陶胎，施绿釉不及底，刻绘牡丹花卉。

82 两系鼓式瓶

高 23厘米 口径 6厘米 底径 12厘米

元磁州窑。短颈，唇口，溜肩鼓腹，平底。施白釉，颈下附宽带状双系，肩绘褐彩弦纹四圈，腹部弦纹两圈，间隔处绘水草纹。腹下施酱釉，宽圈足，铁红胎。

83 四系橄榄瓶

高 28厘米　口径 5厘米　底径 10厘米

元磁州窑。短颈，唇口，瓶橄榄形，鼓腹，宽圈足，铁红胎。颈部附条带四系，口腹部绘褐彩弦纹六圈及水波纹，腹部小草三株，腹中部弦纹一圈，下部施酱釉。

84 紫釉蟠龙罐

高 20厘米　口径 5厘米　足径 9厘米

元广元窑。圆口起沿，直腹下收，宽圈足。肩部饰鼓丁三枚，菱形纽三枚，一侧堆塑盘龙一条。胎骨深灰，釉不及底。

85 青花罐

高 20厘米　口径 5厘米　腹围 45厘米　足径 5.5厘米

元浙江江山窑。矮颈直口，圆腹近球形，足外撇，内施釉，中部有突出鸡心点，腹绘缠枝菊纹。全器符合元代造型。

86 梅瓶

高 31厘米　口径 5厘米　底径 10.5厘米

元七里镇窑。

87 黑釉梅瓶

高 25.5厘米　口径 5.5厘米　底径 10厘米

元老虎洞窑。

88 歌釉青花梅瓶

高 18厘米　口径 3厘米　足径 6.5厘米

明万历吉州窑。

89 青花罐

高 22厘米　口径 4.5厘米　腹围 50厘米　圈足径 18厘米

明万历。矮颈，溜肩，鼓腹。肩上绘菊瓣纹一圈，肩下绘二道兰圈，腹部绘饰花卉，足上部绘二道兰圈，圈足内施釉，内书“雅”字款。此罐青花釉色明快，图案立体感很强，推测可能使用浙地“珠明料”在窑内氧化所致，在明代青花釉色中极为少见。

90 白釉梅瓶

高 29厘米　口径 6厘米　底径 9.6厘米

明中期景德镇窑。

91 窑变鸪鸪壶

高 13厘米　口径 7厘米　底径 20厘米

晚明宜兴窑。矮颈，圆口，凹流，丰肩附四系，腹部近球形，圈底，紫砂胎，施酱釉，焙烧成兰窑变。余光仁先生赠。

92 冬青釉石榴尊

高 15厘米 口径 6厘米 底径 11.2厘米

晚明景德镇窑。矮颈撇口，平肩，腹扁圆，平底。此器底上留下了五个指头印迹，当是工匠施釉时持之所留，非常有趣。

93 “寿”字罐

高 21厘米 口径 10.5厘米 底径 4.5厘米

晚明石湾窑。矮颈圆口，溜肩鼓腹下收，平底，铁红胎。口下部饰两圈弦纹，一圈海波纹，腹上部模印“石竹花”一圈，中部模印对称“石竹花”四枝及四个篆书“寿”字。下部饰回纹一圈。全器满施绿釉，自然葡萄紫窑变淋漓美观。

94 石榴尊

高 8厘米 口径 3.5厘米 底径 8厘米

明石湾窑。矮颈小口，筒状腹，平底，施翠毛绿釉，形如石榴。

95 红釉双系壶

高 21厘米　口径 4.5厘米　底径 12厘米

明南京铜井龙岗窑。瓜形，釉粉红，黄彩，矮颈，撇口，凹流，鼓腹，肩附半环形系一对，红胎平底。（此窑址新中国成立初期还存在，地址在龙岗村）

96 象生葫芦瓶

高 17.5厘米　口径 1.5厘米　底径 5.5厘米

明石湾窑。小口撇底中凹，以上小下大两个圆球体连接而成，葫芦状，束腰，香灰胎，施淡黄釉，褐彩斑块点缀其上，呈现老葫芦原形。

97 汾酒瓶

高 15厘米　口径 3厘米　底横径 10厘米

明。小圆口，短颈，扁腹，椭圆圈足，肩部附双系，腹部开光模印杏花图案，全器施淡黄釉。

98 黑釉撇口壶

高 22.5厘米　口径 8.5厘米　底径 12厘米

明。矮颈撇口，丰肩球腹，施乌金釉不及底，腹下施酱釉，圈足。

99—1 茅台酒瓶（一）

高 16厘米　口径 3厘米　底径 10厘米

明。直筒状，矮颈小圆口，平肩，平底，米黄胎。施淡绿釉，容量2斤。

99—2 茅台酒瓶（二）

高 19厘米　口径 2厘米　底径 7厘米

1954年，外贴茅台酒商标，小藤赠送。直筒状，矮颈，小口，平肩，平底，施黑釉，灰黄胎，容量1斤。此瓶与明代瓶型制完全相同。

100 梅瓶

高 29厘米　口径 6.5厘米　足径 9.5厘米

明石湾窑。

101 扁圆形瓶

高 16厘米 口径 4厘米 底径 12厘米

明平和窑。短颈，唇口，腹扁圆，平底。底釉粉青，腹部书“甲申新成西记”。

102 青白釉将军瓶

高 17厘米 口径 4.2厘米 底径 6.3厘米

清康熙景德镇窑。短颈，圆口，溜肩，鼓腹，束腰，圈足二层台，盖如将军帽，上附桃形提纽。全器满施青白釉，显淡雅素洁。

103 哥釉直口瓶（梅瓶式）

高 23厘米 口径 4.5厘米 底径 7.5厘米

清道光。

104 冬青釉里红冬瓜坛

高 48厘米 口径 16厘米 底径 18厘米

清嘉庆景德镇窑。唇口深腹，筒状下收，盘底。全器施冬青釉，腹一侧绘青花釉里红“松鹿图”。此器庄重高雅，乃釉里红之大器。

105 洒兰釉梅瓶

高 16.5厘米 口径 2.2厘米 底径 5.8厘米

清嘉庆宜兴窑。

106 青花双喜坛

高 32厘米 口径 10厘米 底径 15厘米

清嘉庆景德镇窑。子盖，圆口，丰肩，腹筒状下收，圈足。盖上饰菊瓣菊叶纹，腹部饰缠枝花，四面开光，内书“双喜”，底部长方开光，内饰四瓣花。

107 宜钧橄榄瓶

高 29厘米　口径 5厘米　底径 10厘米

晚清宜兴窑。橄榄形，施兰釉凝厚，莹润光亮。

108 洒兰釉梅瓶

高 14.5厘米　口径 1.5厘米　底径 5.5厘米

晚清宜兴窑。底有墨书“全德”二字，考全德酒坊为双沟酒厂前身。

109 鱼篓尊

高 30厘米 口径 16厘米 腹围 98厘米 底径 22厘米

清宜兴窑。尊如竹编鱼篓，短颈侈口，平底，白砂胎，施云豆青釉。可容酒30斤。（张友兰女士赠）

110 象生佛手瓶

高 22厘米 口径 5厘米 底径 10厘米

清石湾窑。全器以12枚佛指组成，短颈圆口，溜肩束腰，圈足。胎色炒米黄，施云豆青釉。肩部一侧至底部自然紫色窑变，如羽毛。

111 福寿大背壶

高 28.5厘米 口径 5厘米 底径 13.5厘米
腹部横径 28厘米

清宜兴窑。短颈，折沿，腹部扁圆形，椭圆形圈足。白砂胎，全器施酱黄釉，腹部两侧分书正楷“福”、“寿”二字，故又称之为“福山寿海”大扁壶。

112 筒形白釉大瓶

高 38厘米 口径 4厘米 足径 25厘米 腹围上部 101厘米 下部 86厘米

民国早期景德镇窑。筒状，小口矮颈，口下溜肩。上部饰二道竹编形箍，下部一道大箍、三道小箍，近底部有一孔形流口径2厘米，外堆塑梅花一朵。全器施白釉，釉面凝重光洁，此件应属容储器，取酒时不需挹取，拔下流口木塞即可取酒。

113 紫砂橄榄瓶

口径 3.5厘米 足径 6.2厘米 通高 15厘米

民国。橄榄形，溜肩鼓腹，自口部向下塑斜旋纹23道，施满全器。紫砂泥细腻，纹饰极为罕见。

114 爱仁堂酒瓶

高 25.5厘米 口径 2厘米 底径 13厘米

民国景德镇窑。矮颈，圆口，平肩，上附四系，腹直筒状，白瓷胎，平底。瓶一侧横书“爱仁堂”三字，直书“三百余年老窨曲酒厂”。

115 泸州老窖酒壶

高 22厘米 口径 9厘米 底径 9.5厘米

1915年荣获“巴拿马博览会金奖”壶。短颈，圆口，腹球形，内外酱釉，平底，硬陶胎。扬州大运河疏浚工程出土。

116 春锦园酒壶

高 22厘米 口径 8厘米 底径 14厘米

民国淄博窑。束颈，撇口，腹鼓下收，平底，肩上刻行书“春锦园”三字。施黑釉，宽圈足，白陶胎，此壶应为酒坊或酒楼定制之盛酒器。

117 天兰釉扁壶

高 21厘米 口径 2.5厘米 底横径 12厘米

民国宜兴窑。壶长方扁形，短颈，平口，肩上两侧附横梁，中有孔，可作穿带用，平底椭圆形，满施天兰色釉，紫砂胎。

118 长盛号酒瓶（一对）

高 35厘米 口径 4.5厘米 底径 13.5厘米

民国景德镇窑。直筒状，肩以上喇叭形，唇口，下附双系，瓷胎，平底。腹部以墨彩书“北平长盛号，浙绍南酒庄，东城八面槽大街，电话东局2331号”。

119 绿料洋河大曲酒瓶

高 23厘米 口径 3厘米 底径 6.5厘米

现代。梅瓶式。料质，短颈，小口，丰肩束腰，平底。商标“羊禾”，标签书有“中华人民共和国粮油进出口公司”字样，应为新中国成立初期出口产品。(江苏洋河酒厂)

注酒器

关于注酒器

此器是一种盛酒备饮的容器。古代主要有壶、卮、尊、斛、觥等，但一般多用壶。汉代以前的壶无流无把手，有青铜与陶制品(极少数有流有把手)，东汉以后才出现有流有把手的壶，如鸡首、羊首壶等。隋唐时为了配合在桌上饮酒之用，又生产了短流宽把手的注子(扁提)与杯盏配用，宋始称为执壶。唐宋时还有一种双流注子，宋代有一种长筒状小口有小流或长流的无把壶，称为“注流”，我国少数民族地区有用皮革制作的“皮囊壶”，或竹子制作竹筒壶。执壶一直延用到近现代。在备饮盛酒容器中壶是主要的注酒器，因为有流有把手，可以将壶中酒注入杯盏中饮用。

历代注酒器式样名称繁多，材质亦很杂，有陶瓷、金银铜铁锡、木竹、玉石等，但以陶瓷制品为大宗。清晚期至民国时期为了配合散装酒的销售，出现以玻璃为材的酒瓶，可以直接开瓶注入杯盏中饮用。

注酒器的出现受到历代文人赞赏。唐代诗人李白诗云：“花间一壶酒，独酌无相亲。举杯邀明月，对影成三人。”唐韩愈诗云：“岁之初吉，归拜其亲。酒壶既倾，序以识别。”杜甫诗有句“呼婢取酒壶，续儿送文选”，说明在唐代注酒的壶已盛行，以壶注酒饮用能凭添雅趣，所以被文人墨客崇爱。

120 灰陶凤首壶

高 16厘米　口径 6厘米　底径 7厘米

西周。短颈，广口溜肩，腹筒状，肩上一侧附凤首短流，后附对称龙形把手，腹部饰弦纹，平底，灰陶胎。

121 灰陶磨光葫芦瓶

高 9厘米　口径 3厘米　底径 3.6厘米

汉。平口，矮颈，以上小下大两圆球体相接成葫芦形，束腰圆腹，平底。虽为灰陶，但表面磨光，素洁雅致。

122 青釉鸡首壶

高 13.5厘米　口径 8厘米　底径 12厘米

东晋越窑。高颈盘口圆腹，颈附鸡首作流，后附耳形把手，另两侧各附条状横系，平底，灰胎，施青釉。

123 青釉高桩鸡首壶

高 32厘米　口径 10厘米　底径 15厘米

南朝越窑。盘口，长颈，溜肩，深腹，高把柄，肩上附鸡首，高冠圆流，肩附横桥形系两侧各一，腹筒状，平底，灰胎。

124 黑釉鸡首壶

高 25厘米　口径 9厘米　底径 12.5厘米

南朝德清窑。短颈盘口，球腹平底，颈一侧附鸡首为流，后附耳形把手，腹上附对称系各一。灰胎，施黑釉，大部脱落。

125 褐彩大酒注

高 28厘米 口径 10厘米 底径 14厘米

唐婺州窑。盘口矮颈，溜肩，腹鼓下收，平底，灰胎。颈部附对称系各一，颈下附六角形短流，后附把手，施青釉褐彩。

126 窑变小酒注

高 13.5厘米 口径 3厘米 足径 5厘米

唐鲁山窑。短颈，折沿外侈，溜肩，圆腹下收，灰胎，圈足，肩上附双系，一侧附短流，一侧附半环形把手。施酱釉不及底，焙烧形成自然兰窑变于口腹部。

127 塔形执壶

高 24.5厘米　口径 4厘米
足径 6.5厘米

唐德清窑。圆口短颈，塔式子盖附纽。溜肩，鼓腹下收，肩附六角短流，后附宽带形把手。腹饰竖条爪棱，灰胎，平底，施酱釉。

128 青釉注壶

高 8.5厘米　口径 9厘米
底径 7.5厘米

唐寿州窑。短颈，广口，溜肩，鼓腹，饼足，铁红胎。肩附短流，后附宽把手，颈下附对称双系，全器施青黄釉不及底。

129 瓜形大酒注

高 28厘米　口径 12厘米　足径 13.5厘米

唐德清窑。折沿，矮颈，溜肩，鼓腹下收，平底。肩上附六角短流，后附扁把手，颈下两侧附对称系各一，全器施酱釉不及底。此壶具有典型唐朝酒注风格。

130 黄釉注壶

高 23厘米　口径 10厘米　底径 8厘米

唐寿州窑。高颈，撇口，鼓腹爪棱形，饼底，灰胎。腹上附短流，后附把手，肩两侧附对称双系，施黄釉。

131 葫芦形注壶

高 9厘米　口径 1.3厘米　底径 3厘米

唐。壶以上小下大两圆球体相接，束腰，小圆口，鼓腹平底，灰胎。腹上部附小短流，后附把手，釉已脱落。

132 扁圆形注壶

高 12厘米　口径 4.5厘米　底径 7.5厘米

唐。盘口短颈，扁圆腹，圈底，炒米黄胎，腹上附弯流，S型横梁连接颈部，耳形把手，施酱釉不及底，腹部模印卷草纹。

133 酱釉注子

高 20厘米　口径 8厘米　足径 9厘米

唐。

134 盘口褐彩小注壶

高 14.5厘米　口径 7厘米　足径 8厘米

唐长沙窑。盘口矮颈，溜肩，筒腹下收，肩上附小短流，口肩之间附把手，炒米黄胎。施淡黄釉，褐彩点缀口部及腹部。

135 黄釉窑变注子

高 23.5厘米　口径 9厘米　底径 8.5厘米

唐寿州窑。唇口高颈，溜肩，鼓腹下收，平底，灰胎。肩部附六角形短流，颈肩之间附把手，施黄釉，肩腹部兰窑变。

136 酱釉盘口注壶

高 11.2厘米　口径 6.5厘米　底径 6.2厘米

唐。

137 青釉注壶

高 10厘米 口径 6厘米 底径 6.3厘米

唐。

138 酱釉注壶

高 9.5厘米 口径 5厘米 底径 5.2厘米

唐。

139 盘口酱釉注壶

高 14厘米 口径 7.5厘米 底径 6.2厘米

唐。

140 铜红釉酒注

高 19厘米 口径 9厘米 足径 10.5厘米

五代萧县窑。短颈，撇口，平肩，上附三系及短流上翘。鼓腹圈足，肩下弦纹一圈，灰胎，平底。施铜红釉不及底。

141 窑变注壶

高 23厘米　口径 9.8厘米　底径 7.5厘米

五代永和窑。唇口，高颈，近口部兰窑变，溜肩鼓腹，平底，铁红胎。肩附短弯流，后附条带形耳状把手，施酱釉不及底。

142 爪棱注壶

高 20厘米　口径 8厘米　足径 7.5厘米

五代越窑。圆口，高颈，溜肩，鼓腹，圈足，灰胎。肩附短流，后附把手，两侧附双系，施青釉。

143 执壶

高 21厘米　口径 9厘米　足径 7厘米

五代越窑。颈喇叭形，撇口，球腹，圈足，灰胎。腹上附弯流，后附耳形扁把手，全器施青釉。

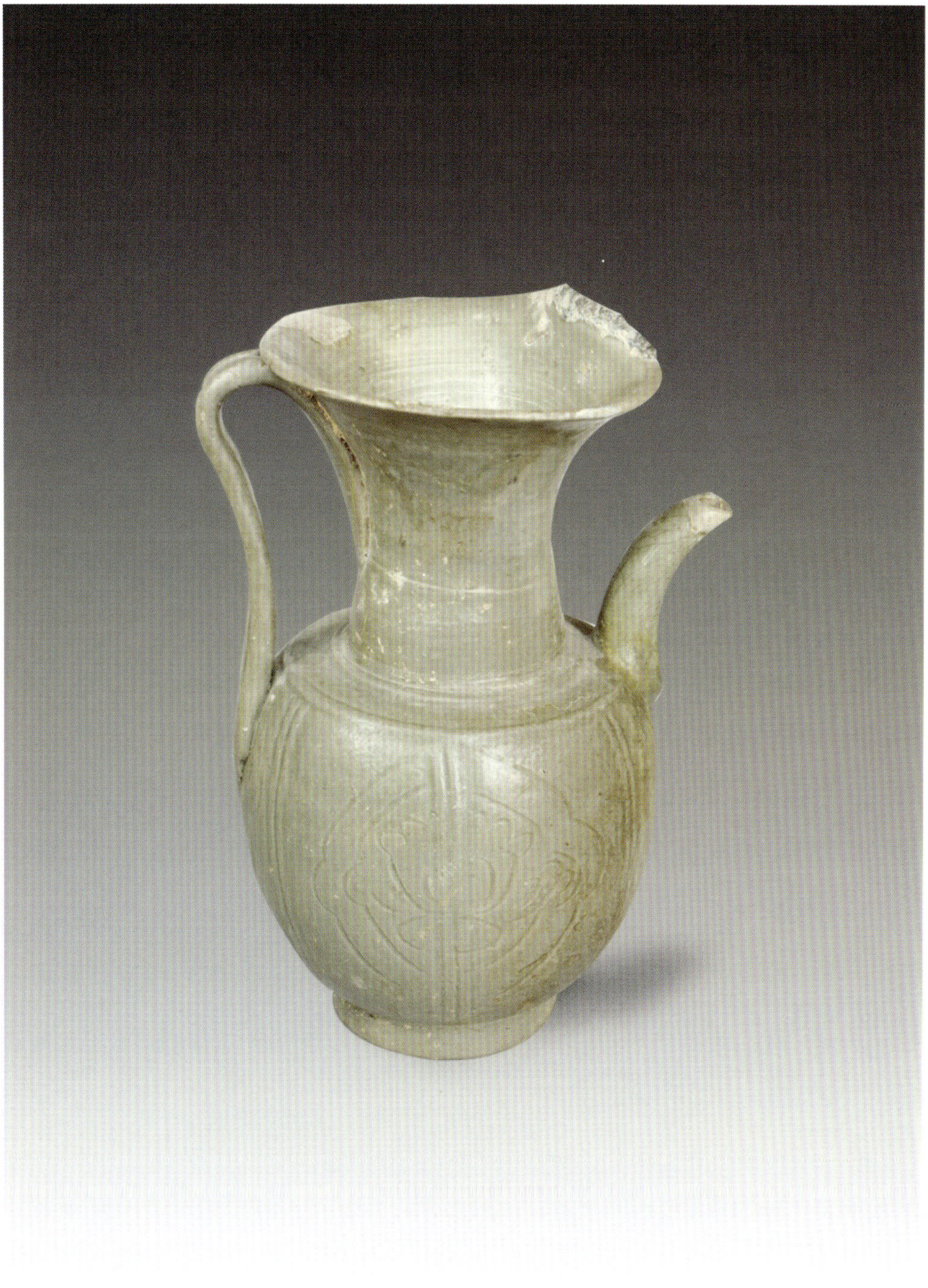

144 牡丹纹执壶

高 20厘米　口径 11.5厘米　足径 7.5厘米

五代越窑。撇口，长颈，平肩，鼓腹，圈足，灰胎。肩部饰弦纹三圈，前附短流，后附把手，腹部双竖条纹，隔成四块开光面，内模印牡丹花四朵。全器施青绿釉。

145 青釉执壶

高 5.5厘米　口径 15.5厘米　足径 6厘米

五代越窑。

146 白釉横把壶

高 22厘米　口径 5厘米　底径 9.5厘米

五代邢窑。唇口，短颈，溜肩，鼓腹下收，平底，白胎。肩附弯流及横把柄，全器施白釉，凝重光润，器形特殊。

147 紫定注壶

高 16厘米 口径 6厘米 底径 5厘米

五代定窑。喇叭口，高颈，溜肩，鼓腹下收，圈足。胎白细腻，满施酱釉，肩附短流，后附双条形把手，腹部一侧刻绘“秋菊”一枝。属定窑早期产品。

148 爪棱执壶

高 21厘米 口径 10厘米 底径 8厘米

南宋福建顺昌窑。喇叭口，长颈，腹球形，饼底，灰胎青黄釉。腹上部附管状弯流，对称一侧附宽带形把手。

149 高领执壶

高 23厘米 口径 8.5厘米 底径 10厘米

南宋七里镇窑。高颈，折沿，斜肩，腹筒状下收，施酱釉不及底，铁红胎。肩附弯流，颈肩之间附耳形把手。

150 乌金釉执壶

高 20厘米 口径 7厘米 底径 7.5厘米

南宋江山窑。高颈，圆口，帽形盖附纽，溜肩鼓腹，铁红胎，平底。肩附管状长流，后附条带把手，施釉不及底。

151 黑釉高桩瓶

高 24厘米 口径 8厘米 底径 7.5厘米

南宋江山窑。唇口，直颈，宽肩，平底。

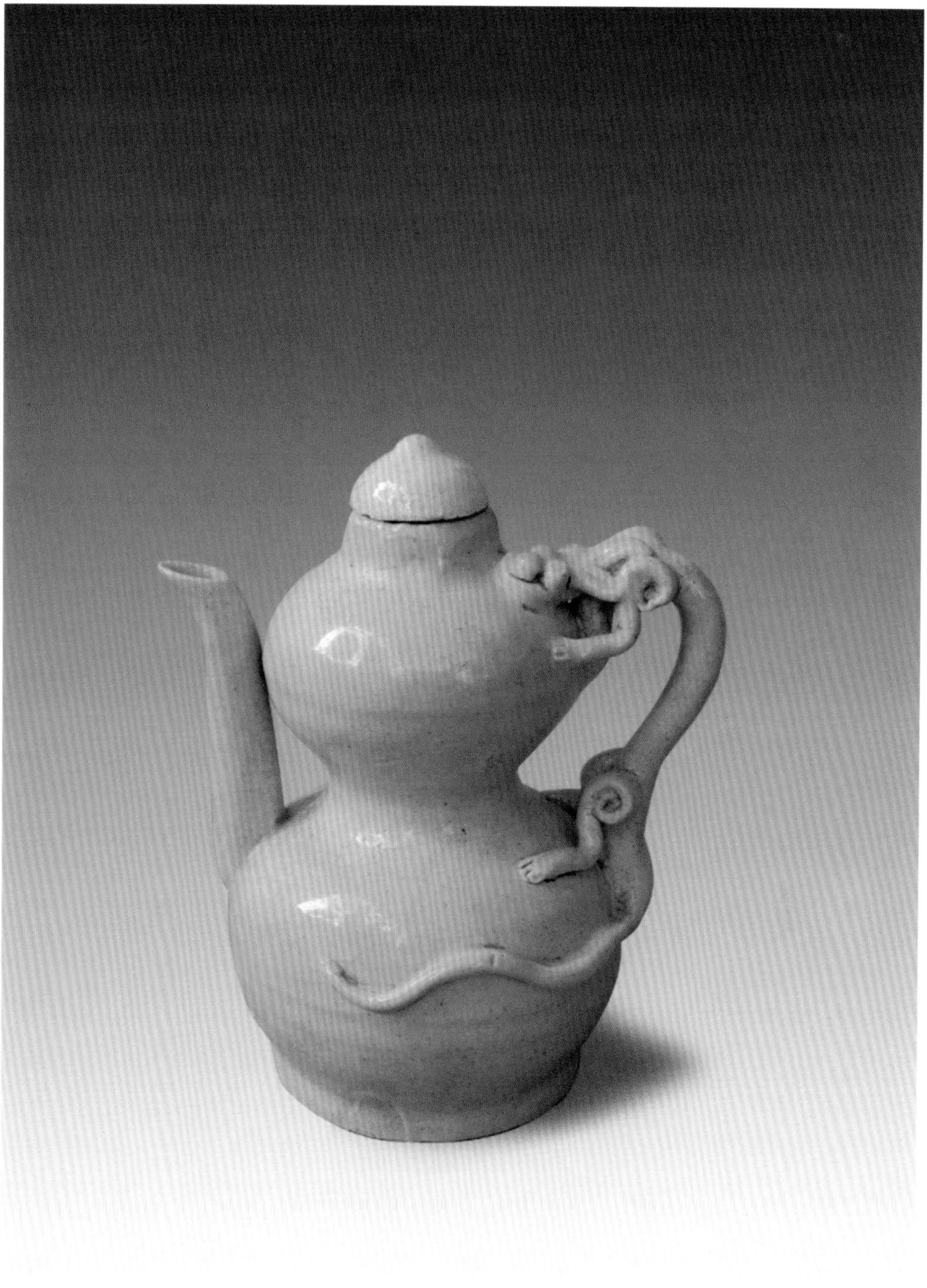

152 白釉龙把壶

高 12厘米　口径 2.5厘米　底径 6.4厘米

南宋吉州窑。矮颈，圆口，腹以两圆球体对接而成，如葫芦状，束腰，鼓腹，胎釉均白，平底。腹前附管状长流，后附螭龙把手，富有动感，属该窑精作。

153 青白釉执壶（一）

高 18厘米　口径 8厘米　底径 7厘米

宋湖田窑。喇叭口，短颈，溜肩，筒腹下收，白瓷胎，圈足。肩颈之间附弯流，后附扁条把手，肩部两侧附对称冠状系。造型朴实淡雅，有五代遗风。

154 青白釉执壶（二）

高 16厘米　口径 5厘米　底径 6厘米

宋湖田窑。直颈，侈口，溜肩，鼓腹下收，平底。肩上附弯流，扁条带把手，胎白细腻，釉面光润。

155 唇口注子

高 13厘米　口径 7.8厘米　底径 6.2厘米

宋湖田窑。

156 盘口注子（一）

高 11.5厘米 口径 5.2厘米 底径 6.5厘米

宋湖田窑。

157 盘口注子（二）

高 14厘米 口径 7.8厘米 底径 6.8厘米

宋湖田窑。

158 盘口注子（三）

高 13厘米 口径 6厘米 底径 6.5厘米

宋湖田窑。

159 撇口注子

高 11厘米　口径 5厘米　底径 6厘米

宋湖田窑。

160 黑釉双系葫芦瓶

高 8厘米　口径 3.5厘米　足径 4厘米

宋吉州窑。撇口鼓腹下收，口下附双系，圈足，施黑釉不及底。

161 黑釉注壶

高 8厘米　口径 4厘米　底径 5.5厘米

宋吉州窑。矮颈，撇口，平肩，腹筒状，灰胎平底，施黑釉不及底。颈下附管状弯流，后附半环形把手及对称系各一。

162 鱼篓形注壶

高 5厘米　口径 4厘米　腹围 23厘米　底径 4.5厘米

宋吉州窑。撇口，矮颈，腹扁圆形，酱釉，管状弯流，扁把手，肩附管系一对。此器取竹编鱼篓为题材。

163 酱釉高领注子

高 14厘米　口径 6.5厘米　底径 7厘米

宋。

164 酱釉高桩注子

高 13厘米　口径 6.5厘米　底径 5.8厘米

宋。

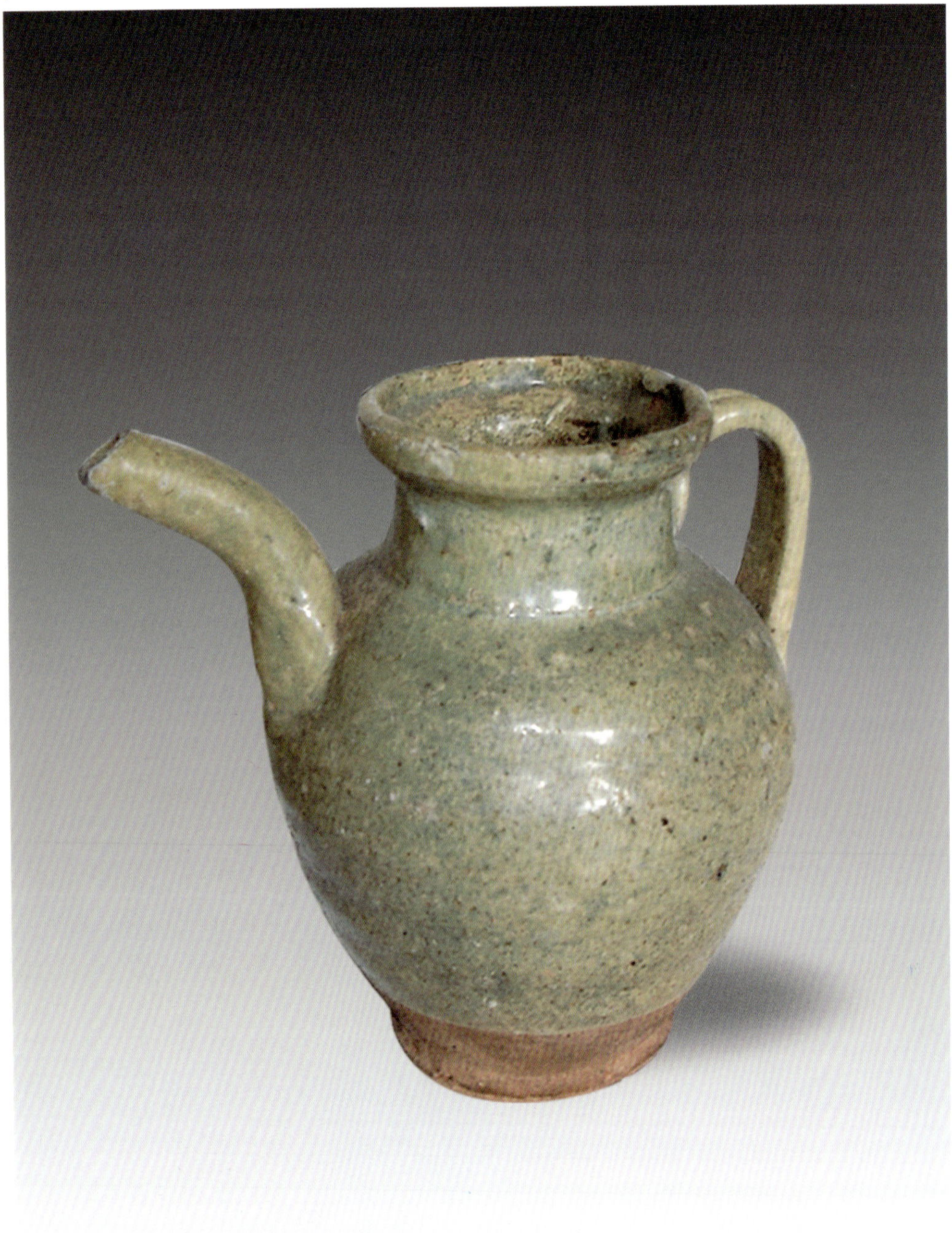

165 青釉注子

高 12厘米 口径 6厘米 底径 5.5厘米

宋。

166 青釉窑变注子

高 16厘米 口径 7.8厘米 底径 6.5厘米

宋。

167 青釉球腹注子

高 16厘米 口径 7.5厘米 足径 6厘米

宋。

168 单流高桩注子

高 21.8厘米　口径 10厘米
底径 11.5厘米
宋。

169 青釉盘口壶

高 10.5厘米　口径 5.2厘米
底径 5.3厘米
宋。

170 黄釉注壶

高 11.6厘米　口径 5厘米　底径 6厘米
宋。

171 酱釉注壶

高 12.5厘米　口径 6厘米　底径 6厘米
宋。

172 注壶

高 11厘米　口径 5厘米　底径 4.8厘米

宋德清窑。

173 黑釉注壶

高 9厘米　口径 5厘米　底径 5.2厘米

宋七里镇窑。

174 黄釉注壶

高 8厘米 口径 5.5厘米 底径 5.2厘米

宋。

175 黑釉玉壶春瓶

高 13厘米 口径 4.8厘米 底径 6厘米

宋七里镇窑。

176 青釉执壶

高 21厘米 口径 7厘米 底径 7.5厘米

宋。

177 弦纹注壶

高 18厘米 口径 5厘米 底径 7.5厘米

宋。短颈，撇口，球腹，平底，红胎，汗釉，口部凹流，腹部球状附把手，腹部饰弦纹。王德安先生赠。

178 玉壶春酒注（一对）

高 16厘米　口径 5厘米　底径 7厘米

宋宜兴窑。撇口，凹流，腹筒状，腹附管状长流，上附横梁与颈部相接，紫砂泥胎，施酱釉不及底。

注：另一件高14.5厘米，口部凹流。

179 黄釉扁提壶

高 12厘米　口径 5.5厘米　底径 8厘米

金。壶体近似“玉壶春”，撇口，短颈束腰，鼓腹，红胎，圆底，施黄釉。腹部刻绘“螃蟹”一只，填白彩，呈现横形态，栩栩如生。

180 哥釉注子（一）

高 10厘米　口径 7厘米　底径 7厘米

元景德镇窑。

181 哥釉注子（二）

高 8厘米　口径 4．5厘米　底径 6.5厘米

元漳州窑。

182 青白釉注子（一）

高 8.5厘米　口径 4.5厘米　底径 7.3厘米

元寿州窑。

183 青白釉注子（二）

高 11.5厘米　口径 6厘米　底径 5.2厘米

元。

184 白釉褐彩酒注

高 12厘米　口径 6厘米　底径 5.5厘米

元磁州窑。广口，直颈，下附短流，后附把手，颈二侧附宽系，腹微鼓，圈足，红胎。腹上施白釉，下施黑釉，腹部绘褐彩萱草花枝。

185 玉壶春瓶

高 16厘米　口径 5.8厘米　底径 8.5厘米

元七里镇窑。短颈，撇口，鼓腹，圈足，炒米黄胎，黑釉窑变铜红。

186 红绿彩注壶

高 10.5厘米 口径 4厘米 足径 5.5厘米

明万历景德镇窑。短颈，圆口，斗笠形盖，附提手，上绘红彩菊瓣纹。溜肩，腹微鼓下收，附管形湾流，后半环把手，圈足。颈肩下饰青花弦纹，腹以红绿彩绘狮球纹。流与把手均绘红彩。

187 五云馆塔式壶

高 21厘米 口径 5.5厘米 底径 10厘米

明宜兴窑。竹节颈，折沿，丰肩，鼓腹下收，宽圈足，紫砂胎，施酱釉。底足中部模印“五云馆”三字。

注：明洪武初年，朱元璋称帝南京，曾将水西门一带公营十大酒楼供功臣玩乐。五云馆为其中之一。

188 “冯了性”药酒大壶

高 42厘米 腹围 120厘米 口径 10厘米 底径 30厘米

明佛山窑。壶近鼓形，矮颈，圆口，板肩，饰一道弦纹，肩附短流，及对称条形系各一，后附环形把手，铁红胎，内外施酱釉，肩部模印条形方章“冯了性”三字。此壶可容酒60斤。

注：“冯了性”药酒源佛山，自明末在南京升州路设“福寿堂”分店，延至抗战时期歇业。该药酒为“风寒痹痛”药，外擦可疗疔疮大毒。

189 四系青花酒注

高 13.5厘米 口径 6.5厘米 足径 8厘米

明高陂窑。广口，高领，溜肩，鼓腹，圈足，肩上附四系，前附弯流及弦纹，腹部绘卷草纹。

190 四系青花“福”字酒注

高 14厘米 口径 6.5厘米 足径 8厘米

明高陂窑。广口，高领，溜肩，鼓腹，圈足，肩上附四系，前附弯流及弦纹，腹部书草体“福”字。

191 猴形执壶

高 13厘米　口径 3厘米　底横径 7厘米

明石濠窑。灰黄胎，施黄釉，“猴子”造型。顶上小圆口，面部有神态，两腿盘曲而坐，两臂下垂，手抚胸前。右侧附把手，左侧附长流，平底。周身毛发具全，活灵活现一美猴。

192 绿釉桶壶

高 23厘米 口径 4厘米 足径 14.5厘米

明石湾窑。壶筒形，白陶胎，施绿釉，可见细小开片，平底露胎，顶部平封，开一圆口，顶横提梁，口一孔，腹上短流，上沿模印八个鼓丁，腹中弦纹一圈，器虽俗而庄重典雅。

193 四系“寿”字注壶

高 15厘米 口径 4.5厘米 底径 10.5厘米

明石湾窑。矮颈，圆口，溜肩鼓腹下收，圈底，铁红胎。肩附三系，呈三角形，一侧附短流，上翘。全器施石英釉不及底，釉下绿彩如羽（翠毛绿），点缀肩腹部，以剪贴“寿”字附于流下，墨色勾边。此器甚精美。

194 青花龙纹大注壶

高 33厘米 口径 12厘米 底径 15厘米

明福建高陂窑。唇口，短颈，溜肩，鼓腹，圈足。肩附弯曲短流及四系，并绘蝙蝠三只。口沿、颈下、腹上各饰兰圈，腹部绘二龙戏珠，火珠中书“玉”字。腹下，足上各饰兰圈。余光仁先生赠。

195 “福”字青花盘口单流壶

高 13.5厘米　口径 7厘米　足径 9厘米

明福建平和窑。高颈，盘口，宽肩，筒腹下收，肩上附一弯流，绘冠状云气纹，流下前后均书草体“福”字，余部均绘冠状云气纹。

196 青釉鸡冠壶

高 17.5厘米　口径 2厘米　足径 6.5厘米

明龙泉窑。壶形上扁下鼓，圈足，腹上侧直流，下凸弦纹一圈，上附冠状提手起沿中一孔，施青釉凝厚润泽，可见细小开片。

197 “东坡夜泊图”硬提梁壶

高 16厘米　口径 3.5厘米　底径 9.5厘米

清康熙景德镇民窑。矮颈，圆口，平盖中凹，溜肩直腹下扩，二层台圈足。壶体近钟形，肩上附门形高提梁，腹部附管状弯流，口沿下绘连珠纹，流下前后绘“什宝”，一侧绘《东坡夜泊赤壁图》，一侧书东坡长诗“五百年前绕此游，水光依旧接天浮；徘徊今夜东山月，仿佛当年壬戌秋；有客得鱼临赤壁，无人载酒出黄州；吟成一蒲千山寂，孤鹤横江掠小舟”。此壶雅致多姿，诗书画融于一体。

198 青花人物单流壶

高 13.5厘米　口径 5厘米　底径 9厘米

清光绪景德镇窑。高颈，折沿，溜肩，圆腹下部扩大，平底。肩附长流，腹部以青花料，绘人物山水夜景图。

199 青花软提梁壶

高 10厘米　口径 4厘米　底径 9厘米

清中期景德镇窑。圆口平盖中凹，溜肩，鼓腹，圈足。肩上附对称连体双系，腹附弯流，并绘云鹤卷云纹。

200 青花硬提梁壶

高 15厘米　口径 4厘米　底径 8.5厘米

晚清景德镇窑。圆口凹盖，筒状腹下扩，肩上附门状高提梁，圈足，壶身绘缠枝花卉。

201 粉彩单流壶

高 11.8厘米　口径 4.5厘米　底径 7厘米

晚清景德镇窑。高颈，撇口，平底，一侧附弯流，腹部以红绿彩绘人物山水赏春图。

202 高桩青花壶

高 15.5厘米 口径 4厘米 底径 7厘米

晚清景德镇窑。高颈，圆口，帽式盖，腹筒状，圈足，附流及把手，腹部绘缠枝花卉。

203 景泰兰扁方小扁壶

高 10厘米 腹宽 6厘米 口径 2厘米 底横径 6厘米

清。壶以点铜为胎，腹两大面以铜丝围成纹样，外加框，填入珐琅彩，兰底绿叶4朵红梅，二红星，12只蝙蝠，壶盖帽形平肩，两端附立体铜牛各一。前附弯短流，后附耳形把手，底部打印“定银”二字，可能为店号作坊之代称。林元荪先生赠。

204 粉彩四系酒注

高 20厘米　口径 8厘米　底径 14厘米

清景德镇窑。大口平盖中凹，溜肩鼓腹，肩附四系，前附短流。腹部以红、黄、绿彩绘麒麟送子图，为民间陪嫁之器物。

205 紫砂扁壶

高 12厘米　口径 3.5厘米　足径 4厘米

清宜兴窑。矮颈小口，套盖上有纽，圈足，肩上附半管形四系，可穿带。腹部开光，内饰牡丹花两枝。此壶可提可挂，冬天亦可置怀内，以体温温酒，随时可饮。

206 粉彩“花鸟扁圆”软提梁壶

高 11.5厘米　口径 6厘米　足径 8.5厘米

民国景德镇窑。

207 竹筒酒注

高 15厘米　口径 8.5厘米　底径 7.5厘米

民国。

208 粉彩“多福多子”花卉软提梁壶

高 10.5厘米　口径 5厘米　底径 8厘米

民国景德镇窑。

209 粉彩“东坡煮酒图”软提梁壶

高 9厘米　口径 5厘米　底径 9厘米

民国景德镇窑。

210 新粉彩四方高桩壶

高 13.5厘米　口径 5厘米　底径 6.8厘米

民国景德镇窑。

211 粉彩"牡丹花卉"软提梁壶

高 11.5厘米 口径 5厘米 底径 7厘米

民国景德镇窑。

212 刻绘"人物花石图"软提梁钟式壶

高 13.5厘米 口径 4厘米 足径 11.5厘米

民国景德镇窑。

213 粉彩"花鸟"软提梁壶

高 10厘米 口径 4厘米 足径 5.5厘米

民国景德镇窑。

214 浅降彩“花卉图”四方壶

高 16厘米 口径 5.4厘米 足径 7.2厘米

民国景德镇窑。

223 八卦“寿”字壶

高 16厘米 口径 10.5厘米 底径 12厘米

民国山东淄博窑。扁圆形，广口，平盖中凹，边缘模印“八卦”，中心“寿”字，腹上附铜质软提梁，短流上翘，腹部菊瓣纹，黑釉，炒米黄胎，平底。

224 硬提梁六棱开光锡壶

高 11.5厘米 口径 5.2厘米 底径 10.5厘米

民国。

225 圆腹硬提梁锡壶

高 19厘米 口径 7厘米 底径 9.5厘米

民国。

226 扁圆形刻花硬提梁锡壶

高 19.5厘米　口径 7厘米　底径 8厘米

民国。

227 扁圆硬提梁锡壶

高 15厘米　口径 5.5厘米　底径 6厘米

民国。

228 竹节高桩锡壶

高 15厘米　口径 4.5厘米　底径 9.8厘米

民国。

229 凤流龙把高桩锡壶

高 20厘米　口径 5厘米　底径 6.3厘米

民国。

230 四方小锡壶

高 6.5厘米　口径 2.5厘米　底径 4.5厘米

民国。

231 铜质凤流龙把壶

高 17厘米　口径 4厘米　足径 7厘米

民国。

232 铜质注饮具一套

(1) 雀嘴高桩壶一把：高 19厘米　口径 7.2厘米
底径 5厘米
(2) 高足杯六只：高 6.3厘米　口径 4厘米　底径 6厘米
(3) 花边铜盘一只：盘口直径 22厘米

民国。

233 刻花四方高桩铜执壶

高 17.5厘米　口径 4.8厘米　底径 7.6厘米

民国。

234 刻花六角铜执壶

高 6.5厘米　口径 5.5厘米　底径 9厘米

民国。

235 锡制吸壶

高 15厘米　口径 2厘米　底横径 3厘米

民国。扁三角形，椭圆形平底，高颈圆口，颈上弦纹一圈，螺璇盖，内附一长管15厘米，与盖纽一小孔相通，壶内注入酒，将盖璇紧，酒不外溢，冬季可将酒壶置入怀中，以体温温之，欲饮时，口含盖纽一吸即可。俗称随身带壶，造型别致，功能特殊。

236 酱釉盘口注子

高 11厘米 口径 6.2厘米 底径 9厘米

民国宜兴窑。

饮酒器

关于饮酒器

饮酒器史前与食器不分，古代有角、斗、觚、爵之名称，同时也包括碗、杯、盅、盏、盂、公道杯等。我国最早的青铜爵杯发现于夏代二里头文化遗址中。

商周时代青铜饮器占主要地位，有部分陶制品，还有象牙、骨角以及原始青瓷印纹陶制品。东汉以后瓷制品为大宗，饮具的用材也众多，有陶瓷、玉石、青铜、骨角、象牙、玳瑁、螺壳、竹木、果壳、金银等。

唐宋以前均饮用米酒、果酒之类，度数低，酒性柔和，饮器容量大。杜甫《饮中八仙歌》云：“李白一斗诗百篇，长安市上酒家眠，天子呼来不上船，自称臣是酒中仙。”《水浒传》武松打虎故事，武松上景阳冈之前一次喝了三十六碗酒。水浒中英雄聚会“大碗吃肉，大碗喝酒”，大碗又称酒海，对酒量大的人称“海量”。

南宋时我国酿造成功“蒸馏酒”（白酒），此酒度数高，性烈，饮具开始变化成容量小的杯、盏，出等，与注子、执壶、酒瓶配用，一直延用到现代。

酒具在我国酒文化中占有重要地位，饮具是其中重要一员，历代均有高雅珍品。在封建社会里，饮具品位高低，可以体现人的地位高低。古代饮具以其材质工艺而论高下次第。明代袁宏道《觞政十三之杯杓》中记载：“古玉及古窑器上，犀、玛瑙次，近代上好瓷又次。黄白金叵罗下，螺形锐底数曲者最下。”宋陆游《今年立冬后菊方盛开小饮》诗：“胡床移就菊花畦，饮具酸寒手自携。”饮具酸寒即饮具简陋、境况贫寒之显示。唐白居易有诗云：“富阳山底樟亭畔，立马停舟飞酒盂。”诗句形容古代文官武将立功返朝途中接受地方官员或人民敬酒在舟马之上一饮而尽将酒盂抛飞之场景，更说明盂是饮具之一。古诗吟咏饮具诗歌尚多，不一一举例。

237 巴蜀文化双耳杯

高 17厘米　口径 10厘米　底径 7.5厘米

古蜀国。广口束颈，口呈菱形，球腹，口腹部附宽把手相对，腹部以高浮雕突出四圆旋纹，如同四只眼睛，胎灰黄，平底，造形奇特。

238 红陶酒觚

高 14.5厘米　口径 10厘米　底径 4厘米

半坡文化。红泥陶胎，撇口下收，实足。全器如喇叭，施白彩，已部分脱落。

239 原生“犀牛角”饮具

长 18厘米 根径 4.5厘米

远古时代祖先们即以动物角作饮酒器。商周时演变为“爵”，有青铜和陶制品。此件为原生“乌犀角”，中空。犀角别名“低密”，为犀科动物，产印度、爪哇、苏门达腊等地。性味酸寒，无毒，有清热解毒定惊之功。自商代始，盛行于唐宋元明清，以犀角制作酒杯、饮具。可防酒毒入心肝。

240 彩陶双耳杯

高 8厘米 口径 9.5厘米 底径 2.6厘米

史前马家窑文化。红泥陶胎，高颈撇口，折肩下收，肩附对称双宽耳，平底，颈至腹部绘红墨彩。

241 红陶单耳杯

高 12厘米 口径 10厘米 底径 4.5厘米

史前马家窑文化。红泥陶胎，撇口束颈，扁腹下收，平底。口腹一侧附单耳，光素无纹饰。

242 豆型高足杯

高 12厘米 口径 4厘米 底径 5厘米

史前良渚文化。灰陶胎，饼形足上圆柱，上承圆形杯，口内敛，光素无纹饰。

243 灰陶高足杯

高 10厘米 口径 8.5厘米 底径 6厘米

商。广口，筒腹下收，饼足，器身宽弦纹8圈。

244 印纹陶杯（一对）

高 6.5厘米 口径 8.2厘米 底径 6厘米

西周。属印纹硬陶。灰胎，广口，鼓腹，平底，全器拍印“麻布纹”。

245 印纹单把杯

高 7.8厘米　口径 9厘米　底径 6.8厘米

西周。属印纹硬陶，灰胎广口，直腹下收，平底。一侧附龙形把手，全器拍印麻布纹。

246 原始瓷单把杯

高 9.5厘米　口径 9.5厘米　底径 7厘米

春秋。唇口，鼓腹下收，口沿下附半环状把手，外饰弦纹，施青釉不及底，灰胎平底。

247 原始青瓷小杯（12只）

高 4.5厘米　口径 5.2厘米　底径 3.5厘米

战国。广口，直腹下收，饼底，灰黄胎，内施青釉，外光素。

248 青铜鉌

高 6厘米　长 14厘米　口径宽 10厘米

战国。椭圆形，口沿外侈，鼓腹平底，腹部两侧附对称半环系各一，缺盖。鉌属饮具，源于春秋，是耳杯的前身。仲德昆先生赠。

249 原始瓷酒盂

高 4厘米　口径 12厘米　底径 6.5厘米

战国。广口圆腹，饼底，灰胎，内底部饰弦纹，外素面，施青釉。

250 原始瓷碗

高 9厘米　口径 13.5厘米　底径 7.5厘米

战国。广口，鼓腹下收，平底，内饰弦纹，外光素，内外施青釉。

251 原始瓷盏（一对）

高 6厘米　口径 12.5厘米　底径 6厘米

战国。广口，圆腹下收，灰胎，平底，内饰弦纹，全器施青釉。

252 原始瓷高足豆杯

高 9厘米　口径 15厘米　足径 8.5厘米

战国。直口折腹，器如深盘，口部饰弦纹三道，内饰水波纹三圈，施青黄釉，灰胎喇叭圈足。

253 釉陶单把杯

高 9厘米　口径 13厘米
底径 11.5厘米

西汉。广口，直腹，平底。腹部饰水波纹两道，弦纹六道，口下沿附把手，铁红汗釉，全器有青铜杯遗风，朴实精丽。

254 灰陶高足杯

高 10厘米　口径 10厘米
足径 5.2厘米

汉。广口，圆腹，饼底。

255 灰陶高足小杯

高 5.5厘米　口径 5厘米
底径 3.2厘米

汉。

256 青铜耳杯

高 4.8厘米　口横径 15.5厘米
底横径 9.3厘米

汉。耳杯又称羽觞，盛行于汉晋时期，椭圆形，浅腹，两侧附新月形耳，平底。耳杯由春秋时“鋗”演化而来，汉时耳杯多仿战国漆制品，晋时以青瓷制品为主，与托盘配套使用。

257 釉陶小酒尊

高 4.6厘米　口径 9.8厘米　底径 9.2厘米

汉。圆筒形，灰胎，腹部附对称系各一，平底附三蹄足呈现三角形。

258 绿釉觥

高 10厘米　口横径 20厘米　宽 8.5厘米　底径横 19厘米

汉。绿釉，红胎，口前弯如流，后附龙形把手，口下饰饕餮纹及回纹，腹部两侧饰龙纹，平底，缺盖。此器仿青铜觥，属饮具。有成语“觥筹交错”，形容饮酒热闹场面。

259 灰陶高足杯

高 15.5厘米　口径 7.5厘米　底径 4.5厘米

三国。广口，筒腹下收，饼底。

260 釉陶小酒尊

高 6厘米 口径 4厘米 底径 2.5厘米

三国。撇口，束颈，折腹，平底，形如小鼓，施酱釉。

（1）耳杯一组

（2）越窑耳杯

（3）越窑耳杯

（4）绿釉陶耳杯

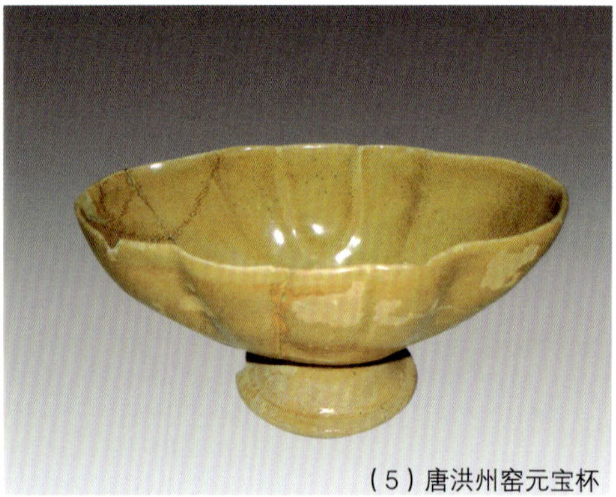
（5）唐洪州窑元宝杯

（6）西汉耳杯

（7）东汉“井田”纹耳杯

（8）汉绿釉耳杯

261 陶瓷耳杯

262 青瓷深腹碗

高 8厘米 口径 14.5厘米 底径 10厘米

西晋。广口，鼓腹，平底，口部饰弦纹一圈，腹部饰联珠纹、方格纹各一圈。灰胎平底，满施青釉。

263 豆碗

高 13.5厘米 口径 18厘米 足径 12厘米

西晋。全器施黄釉，圆口深腹，高圈足，红胎，腹部饰弦纹五圈，水波纹一圈。

264 青釉酒杯

高 5.5厘米　口径 7厘米　足径 3厘米

西晋。广口，圆腹，饼足，施青黄釉。

265 褐彩小酒盏（3只）

高 3.5厘米　口径 8.5厘米　底径 4.5厘米

东晋。撇口，浅腹，平底。内外施青釉，口沿点釉下褐彩。

266 青瓷酒盂

高 3.5厘米　口径 13厘米　底径 6.5厘米

东晋。广口，斜腹平底，内口沿饰弦纹一圈，盂内底弦纹一圈，中有乳突点。全器满施青绿釉，温润如玉。酒盂源于战国，后历代有之。

267 青釉酒盏（2只）

(1) 高 2.5厘米 口径 7.2厘米 底径 3.2厘米

(2) 高 4厘米 口径 9.5厘米 底径 5.5厘米

东晋。广口，圆腹，平底，盏内凹圆底，两件型相同，施青绿釉。

268 青釉五盅盘

高 4厘米　口径 18厘米　底径 16厘米

南朝齐洪州窑。胎灰黄，施米黄及青釉二种，不及底，盘圆形，子口平底，盘内置五小盏高出盘沿，均与盘内底相结合。

269 芙蓉杯

高 4.6厘米　口径 13厘米　底足 8厘米

南朝。广口直腹下收，底以六花瓣组成六角形，中心凹露胎无釉。腹部一周以20片花瓣堆塑而成，釉凝厚莹润，如玉如翠，像一朵盛开芙蓉，又如一朵新荷。

270 酱釉荷花杯

高 9.5厘米　口径 12.5厘米　底径 7.5厘米

隋。撇口，折沿，圆腹下收，喇叭形圈足。腹下部堆塑六片荷瓣，器形如一朵盛开鲜荷。铁红胎，施酱釉，大部脱落。

271 荷瓣纹小杯

高 3.4厘米　口径 6厘米　足径 2厘米

唐寿州窑。

272 黄釉铁锈斑钵

高 10厘米　口径 11厘米　底径 6.2厘米

唐邛崃窑。广口，无肩，鼓腹，矮圈足，炒米黄胎，全器施青釉不及底，满布大小星点状铁锈斑，更显古朴。

273 青铜“牡丹”杯

高 6.5厘米　口径 7厘米　足径 3厘米

唐。广口，圆腹，喇叭形柱足，以牡丹叶组成杯柱，足六瓣花形，足柱饰花叶，附一圈凸弦纹，牡丹花为全鎏金，现虽大部脱落，尚存唐代风姿。

274 秘色釉盏

高 5.5厘米　口径 13.8厘米　足径 6厘米

五代越窑。撇口，斜腹，圈足，灰胎。口沿如海棠花，腹部五道竖条纹。此盏如一朵盛开海棠花，称之为海棠盏。施青釉，苍翠欲滴。

275 白釉酒盏

高 4厘米　口径 11.5厘米　底径 5厘米

五代邢窑。胎白细腻，唇口斜腹，圈足。全器内外施白釉不及底，釉面凝厚素洁。

276 白釉花口大酒海

高 9厘米 口径 21厘米 圈足径 8厘米

五代邢窑。葵口，斜腹，圈足，胎洁白，釉不及底。唐李肇在《唐国史补》中记载："内丘白瓷瓯，端溪紫石砚，天下无贵贱通用之。"可见质量之高，产量之大，影响之广。

277 秘色釉海棠式碗

高 19厘米 口径 18厘米 底径 8厘米

五代越窑。

278 青白釉响瓷碗（酒海）

高 9–6.5厘米 口径 18–5.5厘米 足径 7–5厘米

南宋。此碗为泉州古港出水瓷，敲打之，声音响亮，可作乐器用。碗内外附“怡贝”及海中水生物多寡不等。

279 米黄釉杯

高 5.5厘米 口径 8厘米 足径 3.5厘米

南宋洪州窑。

280 荷瓣纹青釉酒海

高 7厘米 口径 16.5厘米 足径 5厘米

南宋福建漳浦竹湾窑，属龙泉系。广口，斜腹，圈足，灰胎，施青釉，腹部重叠18片莲瓣，如一朵盛开鲜荷。

281 粉定酒海

高 6.8厘米 口径 19厘米 底径 5.8厘米

南宋白舍窑。芒口斜腹下收，白胎，圈足。内壁刻绘萱草花一枝，腹部外饰菊瓣纹一周。

282 紫定酒海

高 8.5厘米 口径 7.5厘米 底径 5.5厘米

宋定窑。葵口大碗，广口，斜腹，圈足，露胎，细腻洁白。内外施酱釉，均匀柔和，无芒口，应属定窑中期产品。

283 鼓形杯

高 7厘米 口径 7.5厘米 足径 4.5厘米

宋吉州窑。撇口，鼓腹下收，圈足，炒米黄胎，腹饰对称四鼓丁，堆贴菊花四朵，施铜红釉，局部兰窑变。

284 高足碗

高 8.5厘米 口径 9.5厘米 足径 3.5厘米

宋吉州窑。广口，圆腹下收，喇叭足，上承一碗，黑釉铜红窑变，如兔毫状，灰胎，釉面凝厚莹润。

285 青白釉斗笠盏

高 5.5厘米　口径 11.5厘米　足径 3厘米

宋湖田窑。

286 青白釉梅花杯

高 5.5厘米　口径 3厘米　足径 3.5厘米

宋湖田窑。

287 青白釉高足杯

高 6.5厘米　口径 6.5厘米　底径 3.5厘米

宋湖田窑。

288 柳斗尊

高 9.5厘米　口径 12厘米　底径 5.5厘米

宋定窑。高领，口外侈，腹圆，如柳条编之斗状。

289 青釉斗笠盏

高 5.5厘米 口径 12厘米 足径 3.3厘米

宋耀州窑。

290 笆斗尊

高 10厘米 口径 9厘米

宋。柳斗状，矮颈，直口，圆底。颈下堆贴16只鼓丁，圆腹，饰柳条编结纹。

291 白釉菊花杯

高 5厘米　口径 8厘米　足径 3.5厘米

宋定窑系。广口外侈，圆腹，圈足，胎白。腹部模印菊瓣纹一周，杯如一朵秋菊。

292 青釉盏

高 5厘米　口径 8.4厘米　足径 2.5厘米

宋洪州窑。广口，圆腹下收，灰胎，圈足，盏内心模印“梅花”一朵，施青釉厚润苍翠。

293 紫定酒海

高 5.5厘米　口径 15厘米　足径 5厘米

宋定窑。芒口，斜腹下收，圈足，内有鸡心点。胎白细腻，外施酱釉。

294 紫定小杯

高 4.2厘米　口径 7.2厘米　足径 3.5厘米

宋定窑。撇口，斜腹下收，圈足，白胎。内施白釉，外施酱釉，腹模印葡萄枝叶果实。

295 青白釉座托杯

高 5.5厘米　口径 8厘米　足径 3.5厘米

宋湖田窑。此件以座托与小盏配套，座径11.5厘米，足径6.5厘米，中空。折沿，内圈有水槽，中部凹出一矮轴，如一小杯倒扣。盏高5厘米，高圈足，口径9厘米，将盏置于轴上与托座配套。光素无纹饰，但胎薄素雅，乃高级饮具（共三式）。

303 元钧酒海

高 9厘米　口径 21厘米　足径 7厘米

元新安镇窑。广口，斜腹下收，圈足，灰胎。天兰釉，口部葡萄紫色，底部施炒米黄釉，庄重厚实，规整大方。

304 酒海

高 7.5厘米　口径 21厘米　足径 7厘米

元磁州窑。广口，斜腹下收，宽圈足，白釉不及底，碗内饰褐彩一圈，碗内心以褐彩书一“元”字。

305 甜白杯

高 4.5厘米　口径 7.2厘米　底径 2.8厘米

明嘉靖景德镇窑。撇口，圆腹下收，圈足，内书“福”字兰款。胎薄应指，釉色纯白恬静，秀美可爱。

306 青花缠枝花盏

高 5.2厘米 口径 10厘米 足径 4厘米

明万历景德镇窑。广口，圆腹下收，宽圈足。盏内外口沿及足上绘弦纹，腹部绘缠枝花。

307 青花高足杯

高 8.5厘米 口径 7.8厘米 足径 3.5厘米

明天启。广口外侈，圆腹，喇叭形柱足，上承一杯，口下、足上饰青花弦纹一圈，腹部绘“高官厚禄”吉祥图案。

308 螭龙青花杯
高 4.5厘米　口径 6.5厘米　足径 2.3厘米
晚明景德镇窑。

309 “福”字青花杯
高 4厘米　口径 6.5厘米　足径 2.5厘米
晚明景德镇窑。腹部绘荷塘莲花图，杯底“福”字款。

310 双桃青花杯
高 4.5厘米　口径 6.3厘米
晚明景德镇窑。

311 云鹤图五彩杯

高 4.5厘米　口径 6.3厘米　足径 2.5厘米

晚明景德镇窑。

312 青花杯

高 4厘米　口径 6厘米　足径 2.8厘米

晚明景德镇窑。撇口，直腹下收，圈足。腹绘一枝桃，一侧书“秋夜拍拍爱吴茗”七字，圈足内书“雅”字款。

313 宝蓝酒盏

高 4厘米　口径 7厘米　足径 3.3厘米

晚明景德镇窑。

314 长方形玉斗杯

高 7.2厘米　口横径 14.2厘米　底横径 12厘米

明。杯斗形，口沿下四面饰回纹，底部四角附菱形四足，和田青玉质。

315 螭龙青花杯

高 4.5厘米　口径 7.3厘米　足径 2.2厘米

明景德镇窑。

316 沉香木斗杯

高 9.5厘米　口横径 8.5厘米　底径 5厘米

明。沉香木质，深褐色，口椭圆形，直腹下收，全器如斗状，腹部以高浮雕技法，镌刻“竹林七贤图”及古松云气纹。包浆一流，光泽润亮，嗅之清香，入水半沉浮，乃传世品。

317 猪油白斗杯

高 7.5厘米 口横径 13.5厘米 底横径 5厘米

明德化窑。口菱形，花边，深腹，椭圆圈足，棱形花边。口沿下及腹部模印云龙、梅鹿、瑞鸟、古松图。胎白细润，光变桃红色。

318 猪油白斗杯

高 6厘米 口横径 10厘米 底径 4.5厘米

明德化窑。菱形口，花边，深腹，椭圆圈足。腹部模印云龙、蝙蝠、仙鹤、虎、鹿。胎白细润，光变桃红色。

319 银钵

高 6.5厘米 口径 13厘米 底径 8厘米

明。

320 绿釉莲子杯

高 1.6厘米 口径 2.8厘米 底径 1.5厘米

明景德镇窑。撇口，斜腹，玉壁底，施绿釉，小巧玲珑。古代女子行令饮酒之用。

321 黄釉莲子杯

高 1.5厘米　口径 3厘米　底径 1.3厘米

明。

322 酱黄釉大酒海

高 9厘米　口径 [illegible]厘米　足径 10厘米

明福建平和窑。唇口外撇，圆腹下收，圈足，施酱黄釉，碗内呈复烧工艺。

323 玳瑁杯

高 3.5厘米 口径 4.5厘米 底径 1.5厘米

明。撇口，圆腹下收，矮圈足。玳瑁又名“玳毒”，为海龟科，用其甲壳所制，可入药，有清热解毒之功，以此杯饮酒可解酒毒。

324 “赤壁赋”青花杯

高 4.5厘米　口径 7厘米　底径 3厘米

清康熙景德镇窑。广口，圆腹下收，圈足。以小楷书“东坡前赤壁赋”179字于腹部，章法严谨，刚柔并济，一气贯通，制作精美。

325 青花釉里红杯

高 5厘米　口径 6.3厘米　足径 2.3厘米

清康熙景德镇窑。撇口，直腹下收，腹部绘青花釉里红“八仙过海图”。圈足内书“若深珍藏”款。

326 青花“四爱图”杯

高 6.2厘米 口径 8厘米 底径 4厘米

清乾隆景德镇窑。撇口，直腹下收，圈足，内书“玉”字款。腹部绘高士“四爱图”，并以魏书标明“四爱”。

327 云龙纹“玉”字款青花盅

高 4.8厘米 口径 5.8厘米 足径 2.5厘米

清乾隆景德镇窑。

328 青花高足杯

高 6厘米 口径 4.2厘米 底径 3.3厘米

清乾隆景德镇窑。广口，直腹，圈底，柱足，上承一盅。腹部绘山水亭阁图。

329 青花团龙盏

高 4厘米 口径 7厘米 足径 3厘米

清道光景德镇窑。

330 银托杯（一套）

托直径 7厘米　足径 3.5厘米　杯高 4厘米　口径 5厘米　圈足径 2厘米

清光绪。银质，托由六花瓣组成，托内中心开光，雕刻“吉祥”二字，梅枝环抱。杯身雕刻牡丹两枝，寓意富贵吉祥，做工精细。

331 青花“三星图”盏

高 9.3厘米　口径 9.2厘米　足径 3厘米

清光绪景德镇窑。广口，圆腹，圈足。口沿内外、底足上部均饰青花弦纹，盏内绘山水图，腹部绘“福、禄、寿”三星图。

152 刻花白铜杯

高 5厘米　口径 7厘米　足径 4.2厘米

清光绪。筒状，广口，直腹，圈足。口沿下刻锯齿纹，腹部“八宝”纹，底上部刻莲瓣纹，工艺甚精。

333 银高足杯

高 8.5厘米　口径 7.8厘米　足径 4.6厘米

清光绪。撇口，圆腹，饼足上立一柱承杯。腹镌刻“雄鹰牡丹图”，寓意富贵高升。

334 粉彩花卉盏

高 4.5厘米　口径 9厘米　足径 3.8厘米

晚清景德镇窑。撇口，圆腹，圈足，口内沿饰黄彩弦纹一圈。中心绘山茶花一枝。腹部开光，内绘金鱼、瑞鸟、蝴蝶、花卉，底部中心书“八吉”款。

335 公道杯

高 4.5厘米　口径 8.5厘米　底径 5.5厘米

晚清宜兴窑。此杯紫砂胎，粉彩，形如方斗，平底起沿，中有一孔，杯内施绿釉，并塑一立佛，两足间有孔管。杯平口，折沿，施兰釉，杯外腹部四面开光，白釉为底，内绘菊花、佛手、花果具全。另两面以黄、红彩书写短联：“黄公石上三枝秀，陶令门前五柳垂。”“异春连日醉昏昏，醒后衣裳见酒痕。”落款“红山”。公道杯又称“公平杯”，“平心碗”。

注：杯中立佛，足部有孔与底部孔相通。注酒过满即从小孔流出，不满亦流出，满平方可，最为公道，故名。

336 玉杯

高 2.3厘米　口径 5.4厘米　足径 2厘米

清。撇口，圆腹，圈足，和田玉质。

337 玉盅

高 3.5厘米　口径 4厘米　足径 2.2厘米

清。和田玉质。

338 寿山石桃叶杯

高 3.5厘米　口径横 7厘米　底径 2.5厘米

清。杯呈桃叶形，以枝为把，腹及底部以桃枝四叶组成，颇精致典雅。

339 寿山石酒盅

高 4.3厘米　口径 5.6厘米　足径 2.2厘米

清。圆口，直腹下收，矮圈足。腹一侧“竹枝图”，一侧镌刻“好是春风湖上亭”七字，落款“文川”。刀法流畅，笔画苍劲有力。

340 椰子壳杯

高 4厘米 口径 5.8厘米 底径 2.5厘米

清。此杯以椰壳为材，广口，直腹，圈足。杯内扣铜，腹部刻绘山水人物亭台楼阁图，雅致古朴。

341 银质爵杯（一对）

高 7厘米 口横径 8厘米

清。长流尖尾，口侧附二柱，菌形柱头，三足鼎立，腹刻对称四凤纹，虎头把手。

342 象牙杯

高 3.5厘米 口径 5厘米 底径 3.5厘米

清。杯仿青铜“簋”式，唇口，圆腹，腹附龙形双耳，饰圈云纹，腹部刻绘螭龙纹，底上部刻兽面纹。

343 黄杨木镂雕杯

高 8厘米 口径 9厘米 宽 7厘米

清。黄杨木材质，杯近椭圆形，撇口，底部以桃枝蟠成，腹部共结小桃12只，大桃3只。寓意“福、禄、寿”三星子孙满堂。原为内外贴金，已大部脱落。

344 黄杨木扣铜杯

高 4厘米　口径 7.2厘米　底径 4.5厘米

清。黄杨木质，广口，直腹，圈足。腹部两侧附对称龙形把手，腹内扣铜杯与托盘相配套。

345 紫檀木杯（一）

高 4.2厘米　口径 6.5厘米　底径 2.8厘米

清。紫檀木质，广口，直腹下收，圈足，杯内扣铜。

346 紫檀木杯（一）

高 3.3厘米　口径 6厘米　足径 2.5厘米

清。紫檀木质，广口，直腹下收，杯内扣铜。

347 “赐臣寿”杯

高 10厘米　口径 9厘米　底径 5厘米

清景德镇窑。喇叭形，撇口，直腹，圈足，矾红釉。腹部描金书写“赐臣寿”字样。可能为清晚期朝庭百寿宴赏赐之品。

348 青花高桩杯

高 8.5厘米　口径 9厘米　底径 4厘米

清景德镇窑。广口，深腹，圈足，口沿酱色，下绘几何纹，腹部绘缠枝牡丹纹满工，足上绘弦纹两圈，青花料艳丽，应是雍正时产品。

349 青花马蹄杯

高 3厘米　口径 5.5厘米　底径 3.3厘米

清景德镇窑。撇口，直腹，圈足。腹书唐诗四首：（一）寒雨连江夜入吴，平明送客楚山孤；洛阳亲友如相问，一片冰心在玉壶。（二）一月主人笑几回，相逢相识且衔杯；眼看春色如流水，今日残花昨日开。（三）故国东望路漫漫，双袖龙钟泪不干；马上相逢无纸笔，凭君传语报平安。（四）去年今日此门中，人面桃花相映红；人面不知何处去？桃花依旧笑春风。底足中心书“玉”字款，应为乾隆时产品。

350 “八骏图”青花杯

高 3厘米　口径 5.5厘米　底径 3.5厘米

清景德镇窑。撇口，直腹下收，圈足。腹绘“八骏图”，姿态各异。底书“康熙年制”四字款，属民窑精品。

351 青花花卉盏

高 4厘米　口径 7厘米　足径 2.5厘米

清景德镇窑。广口，圆腹下收，圈足。腹部绘“牡丹图”，底心直书“大清光绪年制”正楷六字款，应为光绪官窑产品。

352 青釉菊花杯

高 3厘米 口径 5厘米 底径 2厘米

清景德镇窑。唇口花瓣形，腹部开光，内模印菊花纹。矮圈足，底模印“大清康熙”四字。

353 青花马蹄杯

高 2.5厘米　口径 5.8厘米　足径 2.3厘米

清景德镇窑。广口，直腹，圈足，腹部绘古松人物图，一侧书“松下问童子，言师采药去”。足心书“玉”字款。乾隆民窑产品。

354 青花三星杯

高 3厘米　口径 4.6厘米　足径 2厘米

清景德镇窑。广口，直腹，圈足，腹绘“福、禄、寿”三星图。吴祖清先生赠。

355 青花“寿”字杯

高 4厘米 口径 6.8厘米

清。广口，圆腹下收，圈足。腹部书“寿”字，余部绘仙桃、佛手、石榴、蝙蝠，寓意多子多福。

356 脱胎白瓷莲子杯

高 2厘米 口径 3.5厘米 足径 1.5厘米

清德化窑。撇口，圆腹下收，圈足，腹部描金诗词。古代女子饮宴行酒令用器。

357 白釉斗杯

高 4.5厘米 口径横 9厘米 底径 4米

清德化窑。菱形口，花边，深腹，椭圆圈足。胎白微泛青色，与明代胎釉有别。

358 梅花形紫砂杯

高 3厘米 口径 6.3厘米 底径 3厘米

清宜兴窑。紫砂胎，内施白釉，撇口，圈足，口如梅花。口沿回纹，腹部镌刻“明月如水”四字，落款“二泉”。“二泉”即邵二泉，道光时制陶名家。

359 白釉脱胎小杯

高 3厘米 口径 5厘米 足径 1.5厘米

民国德化窑。张成先生赠。

360 白瓷杯

高 3.5厘米　口径 5.4厘米　足径 2.2厘米

民国景德镇窑。圈足上饰青花一圈。

361 粉彩牡丹花六角杯

高 3厘米　口径 7.5厘米　足径 4.5厘米

民国景德镇窑。

362 新粉彩四季花卉杯

高 3厘米　口径 6厘米　足径 2.8厘米

民国景德镇窑。

363 粉彩蝶花盏

高 3.5厘米　口径 6.[illegible]厘米　足径 [illegible]厘米

民国景德镇窑。

364 新粉彩“双喜”杯

高 5.5厘米　口径 8厘米
足径 3.5厘米
民国景德镇窑。

365 粉彩人物杯

高 6.5厘米　口径 8.5厘米
足径 3.2厘米
民国。

366 一枝梅仰盅杯

高 3.6厘米　口径 4.6厘米
足径 2厘米
民国景德镇窑。落款“民国三十八年吴峰置于洪都”。民国精品。

367 粉彩杂宝盅

高 6.3厘米　口径 7厘米

足径 4.2厘米

民国景德镇窑。

368 浅降彩筒状盅

高 5.8厘米　口径 5.8厘米

底径 3.3厘米

民国景德镇窑。

369 白釉梅花足仙口杯

高 3.2厘米　口径 5.8厘米

足径 1.2厘米

民国景德镇窑。

370 粉彩花卉小酒杯

高 2.5厘米 口径 4.8厘米 足径 1.8厘米

民国景德镇窑。

371 墨彩“海燕图”杯

高 5厘米 口径 6.2厘米 足径 2.3厘米

民国景德镇窑。

372 紫砂杯

高 3.5厘米　口径 6.3厘米　底径 3厘米

民国宜兴窑。杯形如“柿”，紫砂胎，内施白釉，圈足。底部印章款“吴德盛制”，吴乃民国时名家。

373 束腰单把手紫砂杯

高 4.6厘米 口径 6.8厘米 底径 5.5厘米

民国宜兴窑。腹部一侧附龙形把手，一侧镌刻“功存远志”四字，落款“壬子夏月德昌刻”。德昌即吴德昌，民国时宜兴刻陶家。

374 紫砂杯

高 3厘米 口径 6.7厘米 足径 3厘米

民国宜兴陶厂。外饰弦纹一圈，内施白釉。

375 锡酒盏

高 4.5厘米 口径 7厘米 底径 3.2厘米

民国。

376 铜弹壳高足杯

高 6厘米 口径 3.4厘米 足径 2厘米

现代。20世纪50年代战利品，以美军机关炮弹改制。

饮酒器附件一：耳杯

耳杯属饮酒器，古代叫做羽觞、羽杯、鸟杯，专家推定它大概源于春秋时期青铜饮器銗。早在战国、秦汉时期耳杯就已盛行，当时以漆制品为主，国银耳杯，可惜已流入日本。新中国成立后，徐州狮子山西汉墓、安徽芜湖六朝墓也先后出土过玉制耳杯，想非普遍使用之品。河北满城西汉中山王刘胜墓中出土了玻璃耳杯两件，说明在我国古代已发明玻璃，且已作为日用器皿原料。耳杯椭园形，两边附有新月形双耳上翘，浅腹小平底。从它整体上观察，又很像鸟形，两耳如同鸟的双翅，所以古代将它叫做羽觞、羽杯、鸟杯。在屈原楚词《招魂》中有“瑶浆蜜勺，实羽觞兮”之句。汉《外戚传》中有“酌羽觞以消忧”句。南朝梁元帝《采莲赋》有“鹢首徐回，兼传羽杯”之句。羽觞、羽杯，实则即耳杯。从以上记载，可以充分说明耳杯在当时是一种时尚的饮器，是与卮、樽、勺配套使用，大约流行了一千多年。唐代中兴，农业发达，酒业大盛，酒器承袭演变达到了高峰。由于唐时发明桌子，一扫南北朝席地而饮之风，为了适应桌上饮用的酒器，小巧玲珑的执壶、注子与杯盏配套，应运而生，在质地上也出现了多样化，诸如金银、玉石、竹木、骨角、琉璃等制品，无所不具，琳琅满目，争奇斗艳，美不胜收。晚唐五代时浙江越窑，江西永和窑，洪州窑焙烧一种元宝杯，椭圆形，两头上翘，没有双耳，圆形实足，还可规测到耳杯的影子。到了宋代耳杯已基本被淘汰，不过杯盏的出现应属耳杯的变体。

我集藏酒器多年，其中有陶瓷耳杯数十件，青铜耳杯数件，包含两汉魏晋南北朝，形制大小参差不齐。最大的长13厘米，宽10.5厘米，高3.5厘米；最小的只有半边鸡蛋壳大小，部分应属冥器。从整体上看，造型大致相似，如从细微处分析比较，是可以推断其生产时代。如西汉釉陶耳杯，近似青铜饮器銗的造形独特，很像黄河上游的牛皮舟，是否源于牛皮舟，有待专家论证）。西汉时多釉陶。东汉时多红陶铅绿釉，耳与口平无沿。三国时多瓷质胎，酱釉，两耳开始上翘，耳与杯口虽平，但近耳部已起沿。南朝多青瓷，部分精品如越窑器，杯身开始变狭，两头明显上翘，两耳短狭，低于口沿。有趣的是，在我集藏耳杯中，有一件东汉耳杯，红陶胎，施铅绿釉，长12厘米，宽7.2厘米，高2.5厘米，耳部饰水波纹，底部模印有“石五千”字样，可能是定制品，显示其有“五千石”。东汉末年，风行卖官，有钱即可买官，一石万钱，五千石非一般县令之属，在耳杯上留下了阶级烙印，是历史的佐证。另一件三国时耳杯，瓷质酱釉，长9.8厘米，宽7厘米，高3厘米（源于吴地宜兴），杯内模印有“井田、日月”图。考“井田”乃周朝授田法规，以一方土地划为九区，每区百亩，中为公田，民家共耕公田，可免农税，是当时解决农村土地矛盾、促进生产的办法。东汉末年，政治腐败，政权倾覆，盗寇四起，军伐年年混战，生产遭严重破坏，田园荒芜，户籍减少十分之七，造成“出门无所见，白骨蔽平原”之惨象。曹操为巩固统治，稳定社会，便于筹集军粮，他首先实行“屯田”、“井田”法，很快取得了成效。结果所在之地战时无运粮之劳，农业与经济逐步复苏。三国鼎立，各统治者相继推行了“屯田”法，从而农业振兴，经济繁荣，出现了“鸡犬之声，阡陌相属”的局面。在耳杯上出现此类图案，是有一定研究价值的。

377 青铜鎏金耳杯

长 15.5厘米　宽 11.5厘米　高 5厘米

西汉。杯体椭圆形，平底，两耳上翘。全器光素无纹，绿锈甚厚，两耳局部去锈后可见鎏面。

饮酒器附件二：宋代吉州窑盏与建窑盏

陶瓷盏具古即有之，一般作食具、饮具用之。随着酒的发明，古代盏具开始作饮酒器使用。

宋代吉州窑位于江西省吉安县永和镇，是当时南方民窑之一，所产盏最具特色，属黑釉瓷器，但历来并不引人喜爱。到了宋代为了观茶色和当时斗茶风尚的需要，该窑烧制大量黑釉茶盏，不仅产量大而且装饰技法多样，诸如树叶纹、剪纸、贴花、彩绘纹、剔釉、剔釉填绘和玳瑁釉，以及各种窑变白复轮盏等。这众多的装饰设计，构思奇特而创新，在宋代南方瓷窑中可称得上独树一帜，又颇具乡土气和地方特色。

吉州窑匠师把传统喜闻乐见的民间工艺，如剪纸贴花、龙凤、折枝花果、朵花、花卉飞凤、梅花竹枝和长命富贵、福寿康宁、金玉满堂等吉语移于盏上。玳瑁釉是其中姣姣者，属窑变花釉之属，色彩变化无穷，但不失玳瑁甲壳本色。《清异录》有“闽中造茶盏，花纹鹧鸪斑”之说，实际玳瑁盏应为吉州窑产品。

建窑在今福建省建阳县水吉镇，是宋代著名黑瓷产地之一，是生产兔毫盏主要产地。宋代建窑对福建及江南地区影响很大，而且形成窑系。兔毫盏是一种带条状结晶釉的盏，在宋代最为著名，底部带有“供御”“进琖”字样则更为珍贵。早在日本镰仓时代，日本便大量输入建窑兔毫盏，又称对油滴（天目盏、黑建、乌泥建），曜变盏奉为国宝珍藏。兔毫盏真品目前国内市场少见。

吉州窑、建窑各种盏具原为“斗茶”之具，但亦可作为酒具使用，因自古食具饮具可以通用，故填补于酒具之中。余多年来集得吉州窑及建窑多件兹录之于后。

378 兔毫盏（一）

宋建窑。

379 兔毫盏（二）

宋建窑。

380 兔毫盏（三）

宋建窑。

381 兰窑变盏

宋吉州窑。

382 黄兰窑变盏

宋吉州窑。

383 鹧鸪斑盏

宋吉州窑。

384 玳瑁盏

宋吉州窑。

385 朵云花斑盏

宋吉州窑。

386 兰窑变盏

宋吉州窑。

387 鹧鸪斑盏

宋吉州窑。

388 高领口兰窑变星点盏

宋吉州窑。

389 彩绘花盏

宋吉州窑。

390 白复轮盏

宋吉州窑。

饮酒器附件三：饮酒器精品鉴赏

391 红窑变斗笠盏

唐四川广元窑。

392 酒盂

高 5厘米　口径 10厘米

南宋修内司官窑。广口外侈，矮圈足，可见小开片，全器施油青釉。官窑是我国宋代五大名窑之一，产品当今已极为罕见。此酒盂异常珍贵。

393 褐彩“天下太平”酒盏

高 [illegible]厘米　口径 [illegible]厘米　足径 [illegible]厘米

南宋顺昌窑。撇口，全器使米黄釉，内部有湿圈，为复烧件，足部露胎。盏内壁书“天下太平”四字。俗话说陶瓷以“文”为贵，同时亦是研究宋青花不可多得之资料。

394 白玉酒杯

高 [illegible]厘米　口径 6厘米　足径 2.5厘米

宋。此杯为和田白玉质，腹部近圆球形，小圈足，杯壁薄如纸，迎光透亮，可见指纹，因入土年久，表皮一层土黄，给人一种古朴典雅之感。此件虽光素无纹饰，但工艺之精，使人叹为观止。

395 青花大碗（酒海）

高 12厘米　口径 15厘米　圈足径 4.8厘米

元。足内无釉，中有鸡心点，足墙厚0.6厘米。广口微外侈，口内部饰青花卷云纹一圈 近内底二道兰圈。外绘饰缠枝花纹，叶呈葫芦状，青花色淡雅，釉浓处有铁锈斑，型制符合元代。在饮器中大碗被称“酒海”，善饮者被誉为海量。此件完好无损，亦属难得之珍品。

396 灰青釉高足杯（两件）

高 9.5厘米　广口直径 8.3厘米
腹围 21厘米

元江山窑，属龙泉窑系。柱形把手，下部中空外撇，柱底无釉处一圈火色红，柱上饰弦纹数道，上承一杯成一体。全器施灰青釉，庄重古朴。一件略小，但造型相同，高9厘米，口径6.8厘米。此杯又称“马上杯”。

397 甜白小杯

高 3厘米　足径 2厘米　胸圈口径 4厘米

明中期。广口，唇形，斜腹下收，圈足。胎薄白细，通体施白釉，虽为素器，而小巧玲珑。

390 青花酒盏（一组）

晚明景德镇窑。一组五只酒盏造型相同，大小不一，均撇口，圈足，足墙呈鳜鱼背，外绘缠枝宝相花，内边绘青花及双圈，底部分别书清、天、林、吉，字样可能是作坊代“字”款。其中三只高3.5厘米，口径8.5厘米；一只高3厘米，口径7.8厘米；最小一只高3厘米，口径5.6厘米，盏内底书一“天”字。

399 青花小杯（两件）

晚明景德镇窑。其一为喇叭形，高4厘米，撇口径6.3厘米，足径3厘米。足墙可见火色红，杯外绘“青花喜鹊登梅图”；其二为墩式小杯，高3厘米，广口圆腹，小圈足，外绘青花花卉。

400 孩儿红"寿"字杯

晚明德化窑。陈明良先生赠。

401 猪油白八角杯

晚明德化窑。陈明良先生赠。

402 猪油白瓜棱形杯

晚明德化窑。陈明良先生赠。

403 "一枝梅"猪油白杯

晚明德化窑。陈明良先生赠。

温酒器

关于温酒器

温酒器包括酒炉（小型炉）、温碗、温酒套壶、温酒盘、火罩，还有铜、铁、锡制温壶等。宋代以前，我国还没有蒸馏酒问世，主要生产米酒果酒，春夏冷饮，秋冬温饮，必需用特制温酒器将酒温热之后饮用，所以发明了不同器形的温酒器。远在三代就出现了温煮酒的器皿。《三国演义》书中有曹操与刘备煮酒论英雄的故事。唐代诗人白居易《问刘十九》诗："绿蚁新醅酒，红泥小火炉。晚来天欲雪，能饮一杯无。"说明冬天用小火炉煮酒饮用。温酒炉古已有之，有以铜、铁、陶所制的小炉，炉中盛木炭，点燃后将盛酒小壶置其上或煮或温。另有一种吹炉中有空轴，外有炉壳，中以注入酒，前有长流，后有把手，形同壶，炉堂中入木炭，燃着后可煮可温。

温酒盘多为陶制，高3-5厘米，直径10厘米不等，中有一火堂，大如小酒杯，盘口有等份三支架，用时将炭基点燃后置入炉堂中，小酒壶置支架上可以温酒。温酒火罩多为陶制，有四方形六角形，罩呈梯形，上小下大，中空，口部有支点，用小酒杯一只注入酒点燃罩上，将酒壶置其上温酒。

温酒碗乃特制大碗，与注壶配套，用时大碗内注入热水，注壶置碗中温酒。此器常见于宋代湖田窑产品，工艺精美。套壶风行于明清时代，景德镇所产瓷制品佳美，宜兴紫砂套壶亦精。此壶以外壳与小壶组成，有圆形、四方形、六角形等，多为软提梁式。用时外套内注入热水，壶置其中温酒。自温壶出现于晚清至民国时期，常见为铜、锡、紫砂制品，扁形螺璇盖，小巧玲珑，爱酒之人冬日外出，小壶注入酒入怀中以体温温之，可随时饮用。温酒器品类式样繁多，不一一介绍。

404 温酒盘

高 4厘米　口径 9.5厘米　底径 5厘米

宋。盘圆形，红胎，酱釉，平底。内置一连体小杯，口部附三个支架呈三角形，用时往小杯内注放酒点燃后，将酒壶置支架上以温酒。

405 温酒火罩

高 7厘米　上口 5厘米　下口 8厘米

明。灰陶质，六角形中空，上下口各附六个透气口，六面开光，梯形边框，分别刻钱文，中刻“人和酒美”四字。注入酒一小杯点燃置入罩内，上置一小壶以温酒。造型别致特殊。

406 六角形青花温酒套壶

高 10.5厘米　内壶口径 2.5厘米　底径 10.5厘米

清雍正景德镇窑。

407 浅降彩人物山水图温酒套杯

高 10.5厘米　口径 6厘米　底径 8厘米

清同治景德镇窑。

408 软提梁白釉刻花“古松人物”温酒套壶

外套高 10.5厘米　口径 4厘米　底径 5.5厘米

清光绪景德镇窑。

409 软提梁正方形温酒套壶

外套高 12厘米　口径 3.5厘米　底径 12厘米

清光绪景德镇窑。

410 刻瓷人物风景套杯

高 12厘米　口径 6厘米　底径 7.5厘米

清光绪景德镇窑。外套筒形有盖，内置杯。

411 白砂绿釉软提梁套壶

高 11厘米　内壶口径 3厘米　底径 10厘米

晚清宜兴窑。

412 温酒炉

高 8.5厘米　口径 8.5厘米　底径 6.5厘米

清。铁铸炉式，平肩中一孔，鼓腹，上附环状双系，口沿附三个支丁，肩饰菊花纹，肩下对称气孔各一，束腰腹下两侧气孔各一，腹部缠枝菊纹。内附炉堂，可置炭基点燃上置小壶温酒，底部扁形足三只。造型独特，工艺甚精。

413 鼓式红彩墨书多体文字套杯

通高 12厘米　口径 6厘米　底径 6厘米

民国景德镇窑。

414

415

414 浅降彩山水图套杯

高 11.2厘米 内壶口径 5.5厘米
外套底径 7厘米

民国景德镇窑。

415 浅降彩温酒套壶

高 14.5厘米 口径 3厘米
底径 7厘米

民国景德镇窑。壶椭圆形，以外套与内壶组成。内壶附短流，平肩下附短流并列边体系一对，边书金文；内壶一侧绘山水人物图，一侧书“太平醉酒”四字。外套一侧绘远山近水，古木牧牛图；一侧书“扁舟一棹归何处，家在江南黄叶村”，落款“江西余立成制品”。此壶为民国温酒器之精品。

416 粉彩花鸟温酒套壶

高 14.4厘米 内壶品径 4厘米
底径 7厘米

民国景德镇窑。

417 六方“八宝纹”紫砂温酒套壶

高 10厘米 外口径 10厘米 底径 10厘米

民国宜兴窑。

418 鼓式软提梁紫砂温酒套壶

外套高 11厘米 口径 12厘米 底径 12厘米

民国宜兴窑。紫砂胎，折沿附双系，软提梁，矮圈足，腹部上下各饰22个乳丁，腹部刻山村茅亭阁，附五言诗一首："读书空是福，饮酒亦需才。"内壶筒状，高11厘米，短颈，折沿，附双系，短流，平底。此壶刻工精到，不务妍媚，粗犷中具韵味，镌刻人友竹为民国刻陶家。

419 鼓式软提梁紫砂套壶

外套高 10厘米 口径 11厘米 底径 11厘米

民国宜兴窑。底款"冰心道人"，盖款"盘根"，外套平肩，折沿，上附双系。内壶筒状平底，径6.5厘米，肩下附短流，口径3厘米，凹盖。外套上下各饰乳丁20枚，腹部刻"汉瓦"图案，边镌刻"汉砖瓦工"四字，一侧面刻绘牡丹一枝，象征富贵。附词"秋江冷艳"，落款"石生"。

注：制壶大家陈寿珍号"冰心道人"，其作品于1919年获世界博览会金奖；"盘根"，陈寿珍之子，制陶家；石生，民国早期刻陶家。

420 六角形软提梁温酒锡套壶

高 11厘米 口径 3.5厘米 底径 9.5厘米

民国。

421 铜质煮酒炉

高 13厘米 口径 8厘米 足径 6厘米

西藏现代产品。壶鼓形，盖上三道弦纹，立一小鸟。壶中喇叭形空轴，下有炉条排例，腹前附湾流，后附把手，圈足。腹一侧下部开圆洞为炉口，透气出灰。中轴心四周注入酒，轴内置木炭燃烧煮之。

注：此壶王晓琳写《格萨尔王》于1977年去西藏采访时购回，录之以作纪念!

挹取器

关于挹取器

把液体盛出来叫挹取。挹取器包括瓢、勺、端等各种把酒从大容器中舀出的器具。史前多陶制品，自三代始各材质所制挹取器均有。器形形状各异，有长方形、筒状、扁圆状、剖面葫芦状（俗称“瓢”，横形，长短不一般的均现有小流后有把手，大型的则前无流后有把手，形同匜可能为酒坊所用。把手有竖形、横形，长短不一，是为了适应容器形状大小而设。

战国至汉代多与樽配用，将酒从樽中舀入杯中饮用，或与温煮器配用。明清时代还无散装瓶酒销售，多用竹或铁皮制成酒端，下部圆筒形，附竖长提手，容量有一斤、半斤、二两、一两。销售时和注口配用，可将酒注入买酒人的瓶罐中。自散装瓶酒充实市场后，现已消失。

《史记·项羽本记》记载：“张良入谢曰：‘沛公不胜杯杓，不能辞。’”又《汉书·卷四十五》记载：“霍显之谋将行于杯杓，荆轲之变必起于帷幄。”说明远在秦汉时期，挹取器与樽杯配套使用已很普遍。

422 灰陶挹取器

高 16厘米　口径 4厘米　底径 6厘米

商。此器近斗状，口外侈，平底，腹部“牛鼻”式把手。

423 原始青瓷挹取器

高 9厘米　口横径 18厘米

战国。此为“瓢”，又作匜 。广口，深腹，前附小系，后附把手，圆底。外光素，内施青釉。

424 釉陶挹取器

汉。（1）大陶瓢一件；（2）葫芦瓢四件；（3）各种陶勺八件。

425 青瓷把取器

高 6厘米 口径 16厘米 底径 10厘米 小勺高 2.5厘米 口径 4.5厘米

东晋。瓢广口，直腹，口部边沿附鋬手，下饰弦纹一圈，施青釉，圈足。小勺圆底，附把手。

426 酱釉把取器

高 6厘米 口径 12.5厘米 底径 4.5厘米

唐。瓢式，半圆形，平口，圆底，口沿后附把手，施酱釉。

427 酱釉把取器

高 5厘米 口径 11.5厘米 底径 3.5厘米

宋。圆形，广口，直腹，平底，口部附短流，一侧附把手，施酱釉。

酒令

关于酒令

酒令是我国劳动人民几千来年来共同培育的花朵，古老而新鲜，也是我国酒文化中一朵奇葩，璀璨而瑰丽，独特而新奇。源远流长的中国历史中也有着悠久的游戏历史，把酒和游戏融合在一起称之为酒令，古人称为酒戏。

远在春秋战国时代，在饮酒风俗和酒礼中有所谓“当筵诗歌”，并出现一种“投壶令”，投壶令实际上是“席间作歌”，从射礼转化而成的投壶之礼，赋诗助兴。秦汉时承前代遗风，在席间联句唱和，用之日久逐渐丰富，作为游戏的酒令一直延续到近现代。

酒令游戏方法很多，清代俞敦培将酒令分为四大类别：古令、雅令、通令、筹令（又可称为签令）。总其类细分，有猜拳、口头文字、骰子、酒牌、筹子（签子）、杂项六类。我国地域广大，在个别地区，各个民族均有不同的酒令游戏方法。酒签令只是其中一种。酒签的制作一般用象牙、骨、竹木等材料制成，木制为多，长约四五寸，宽约三四分不等，筹上刻或写古人诗词、曲支、人名，还有从文学作品中取材，如《西厢记》《水浒传》《聊斋志异》《红楼梦》《三国演义》中的诗词、歌赋、人物典故作为内容。辞令用法：将制好的筹签置入专用的签筒中，行令时摇筒拿签（筹），按签上正面的文字（令约）、背面文字（酒约）饮酒。

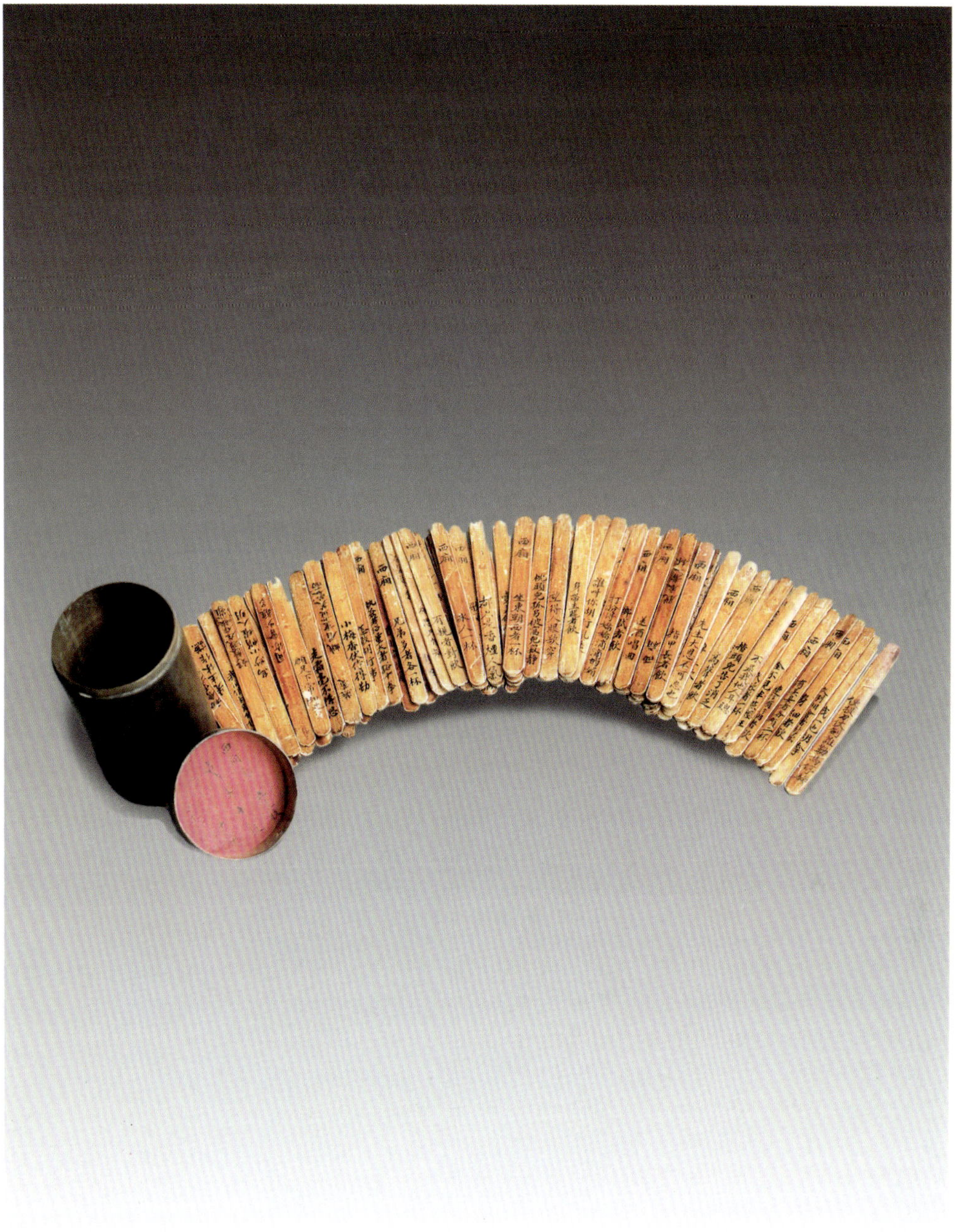

428 骨质酒签

清　共67支，每支长9.5厘米，宽1厘米，正面正楷墨书“西厢记”词语，背面词解。如正面写“向东墙道个殷勤”，背面写“坐东面者饮一杯”；又如“眼花缭乱”，“近视者饮一杯”；又“小车如何载得起”，“身胖者饮一杯”……用此签行令，妙趣横生，可增加欢乐气氛。古代行令工具，也属于我国优秀文化传统之一。

冰镇器

关于冰镇器

中国古代酒具的使用并不是单一的，都有一定的搭配和组合。在考古发掘中，经常发现成套酒具一起出土的现象。从用途上来看，一套完整的酒具包括储藏器、盛酒器、注酒器、饮酒器、温酒器、挹取器和娱酒器，后来又增加了冰镇器。

冰镇器究竟从何时出现，现已无法考证。至今所发现的最早的、最精美的古代冰镇器实物，当属曾侯乙墓出土的铜鉴缶，是春秋时期楚国贵族使用的一种冰镇器。此后，大量的陶质、瓷质冰镇器的出现，其家族更加庞大了。

120 青瓷鉴

高 10厘米　口径 24厘米　底径 11厘米

西晋。广口折沿，圆腹下收，饼底，灰胎，内底饰月华纹、水波纹各 圈。口沿水波纹，腹部方格纹一圈，两侧各附饕餮文辅首。腹下部附三熊首足，呈三角形，施青釉。冰镇古有之，用时将壶或注盛酒置鉴中，四周置天然冰块，以镇之。此器《中国酒具大辞典》中有记载。

图目索引

储藏器

盛酒器

注酒器

饮酒器

温酒器

挹取器

酒令

冰镇器

后记

我祖籍山西太原，太祖于明代出仕内迁江苏定居扬州。我1932年出生于收藏之家，童年受家庭熏陶种下了爱“收藏”的种子。1971年全家下放泗洪双沟酒乡十年，孩儿王晓琳入酒厂工作，他爱好文学，曾写过一篇“醉猿之乡”的散文，后又编著《中国酒的传说》一书。回宁后，正值古玩市场开放，国家提倡藏宝于民，为了纪念这不平凡的十年，我首选中国酒具的收藏。数十年如一日，跑遍大江南北，读书苦学钻研，理论与实践相结合。由于多位老师的指导，如周礼阳、毛兆庭、贺云翱先生等，使我增长了许多知识，认识到“收藏文化”之渊博精深。数十年来在更多的同道支持下，他们有不远千里代为收集的，有无偿赠送的，再加上个人节衣缩食投资，终于初步完成系列。上自史前，下迄民国，其中包含储藏、盛注、温煮、饮、挹取等门类，材质有陶瓷、青铜、鎏金、银、铜、铁、锡、玉石、骨角、竹木、玳瑁、象牙、果壳等，共近800余件藏品。

近年来在江苏省古陶瓷研究会会长李绍斌先生、副会长王德安先生的大力支持下，开始编著《中国历代酒具鉴赏图典》。从所藏的800余件酒具中选录有代表性近500件。当此脱稿之际，首先感谢江苏省作家协会常务副主席、《钟山》杂志社主编赵本夫先生以及李绍斌先生在百忙中写序。由于水平所限，自知广度与深度不够，错误在所难免，敬请读者和专家指正。

在编写过程中女儿王晓静帮助整理资料，又蒙蒋光义、张诚二位先生，孙儿王振中拍摄图片，付出了辛勤劳动，一并表示谢意。

王念石于南京南湖鑫石斋